COLEÇÃO POP FILOSOFIA

NÓS

edições Sesc

ORGANIZAÇÃO DA COLEÇÃO

MARCIA TIBURI

ESPELEOSOFIAS

CHARLES FEITOSA

NOVAS E ANTIGAS MANEIRAS DE PENSAR (N)AS CAVERNAS

Espeleosofias – neologismo, substantivo plural [es-pe-le-o-so-fi-as] Etimologia: Do grego "spelaion" (σπήλαιον), que significa "caverna", e "sophia" (σοφία), que significa "sabedoria"; literalmente: "as sabedorias das cavernas".

1. "Espeleosofias" são olhares alternativos para as cavernas, interpretadas não mais apenas como lugar de prisão e ignorância, mas também como dispositivos férteis para repensar a condição humana, a busca pela liberdade e para aprender a lidar melhor com a pluralidade de sentidos da realidade.

2. O subtítulo "Novas e antigas maneiras de pensar (n)as cavernas" indica que o fio condutor será a discussão da atualidade da famosa "alegoria da caverna" de Platão, em suas diferentes representações na filosofia, na literatura e no cinema através da história.

"Toda filosofia *esconde* uma outra filosofia;
toda opinião é um esconderijo,
toda palavra uma nova máscara."

FRIEDRICH NIETZSCHE, *Para além do bem e do mal*

"*The best way out is always through.*"

[A melhor saída é sempre através.]

ROBERT FROST, *A Servant to Servants*

“Em vez de luz tem tiroteio no fim do túnel.”

LEGIÃO URBANA, *Mais do mesmo*

DA ALEGORIA DA CAVERNA ÀS CAVERNAS DAS ALEGORIAS

A CAVERNA-CLICHÊ

O mito da caverna é uma imagem-clichê, pois quase todo mundo sabe do que se trata, mesmo sem nunca ter lido *A república*, de Platão. A cena é simples, mas insólita: algumas pessoas estão acorrentadas em uma caverna desde que nascem e só conseguem ver sombras projetadas na parede. Essas sombras são consideradas reais pelos prisioneiros, mas não são a verdadeira realidade. Alguém consegue escapar da caverna e descobre a verdade atrás das aparências. Volta para compartilhar com os outros prisioneiros a descoberta, mas estes não dão crédito ao seu testemunho e ainda tramam a sua morte.

No início das conversas de planejamento com a equipe do Programa Institucional de Bolsas de Iniciação à Docência (PIBID) de Filosofia da Universidade Federal do Estado do Rio de Janeiro (UNIRIO), em maio de 2023, chegou às minhas mãos o livro do filósofo alemão Hans Blumenberg (1920-1996) intitulado *Höhlenausgänge* (1989) [Saídas da caverna, em português], infelizmente ainda sem tradução no Brasil.[1] Em conformidade com seu projeto de "metaforologia" [estudo das metáforas na história da filosofia], Blumenberg comenta as diversas reaparições do tema "Como sair da caverna?", da antiguidade à contemporaneidade. Descobri postumamente a afinidade entre meu projeto de *filosofia pop* e o da *metaforologia*.[2] Em ambos os casos, trata-se de pesquisar como certas imagens fundamentais moldam, conscientemente ou não, o pensamento ocidental; traçar suas transformações durante a história e questioná-las em nome de outras perspectivas. Uma diferença importante é que, enquanto Blumenberg restringe sua pesquisa ao campo da história da filosofia, me interesso também pelas artes (música, literatura, teatro, cinema etc.) e por materiais oriundos da cultura pop, tomada aqui não apenas como ilustração negativa, mas como um campo fértil de parcerias. Inspirado na leitura do livro de Blumenberg, sugeri como dispositivo de nossos debates e práticas revisitar o

---

1 Hans Blumenberg, *Höhlenausgänge*. Frankfurt: Surkamp, 2019. Sugiro enfaticamente aos leitores que, antes, durante ou no término deste livro, assistam ao vídeo dirigido por Fabiana Melo Sousa, com roteirização coletiva da equipe PIBID, intitulado *Quais são as suas cavernas?* (Rio de Janeiro: UNIRIO, 2024. 14 min), produzido a partir das atividades realizadas em torno da alegoria da caverna em diferentes escolas públicas do Rio de Janeiro entre maio de 2023 e abril de 2024. O curta pode ser acessado através do seguinte link: https://www.youtube.com/watch?v=5WntHrVQE0I.

2 Existe uma tradução ao espanhol de *Paradigmas para uma metaforologia*, de Hans Blumenberg (*Paradigmas para una metaforología*. 1ª ed. Madri: Editorial Trotta, 2003).

tema da alegoria da caverna, mas sem nos restringir apenas à busca por saídas. Eu queria entrar, ocupar e permanecer nas cavernas, não mais como um prisioneiro, mas como um explorador, procurando redescobrir suas possíveis riquezas. *Como pensar as cavernas, nas cavernas?* Este ensaio reúne alguns dos resultados parciais da iniciativa de rememorar, comemorar e se possível aprimorar a narrativa platônica da alegoria da caverna por meio da ressignificação de algumas de suas diferentes interpretações na filosofia e na cultura pop através da história, sempre tendo os desafios do ensino de filosofia para *jovens de todas as idades* como pano de fundo.

As interpretações usuais, a partir da própria chave fornecida por Platão, veem a saída da caverna como o caminho ascensional da ignorância para o conhecimento verdadeiro; da prisão para a liberdade; das trevas para o sol. Platão parece sugerir ainda que os filósofos, como aqueles que saem da caverna, têm a responsabilidade de voltar e compartilhar seu conhecimento com os outros, ajudando a elevar suas almas e guiá-los em direção à verdade. Além da mensagem nitidamente política, já que emancipatória, há no texto também uma dimensão ética, enquanto uma busca progressiva pelo bem e pela virtude, assim como uma dimensão pedagógica, enquanto um processo de aprimoração do conhecimento. Todas essas progressões dependem da ajuda da filosofia para serem completadas.

No universo da autoajuda, encontramos diversas publicações inspiradas vagamente na alegoria platônica, prometendo saídas da caverna da depressão e da ansiedade. Uma pesquisa na internet revela dezenas de artigos acadêmicos que também evocam essa metáfora, seja no campo da matemática, da física, da economia, da biologia ou da arqueologia, tais como: Carolyn Barshay-Szmidt et al., em "*Out of the Cave and into the Light: Perspectives and Challenges of Radiocarbon Dating an Open-Air Aurignacian Site (Régismont-le-Haut, Mediterranean France)*" [Sair da caverna e ir para a luz: Perspectivas e desafios da datação por radiocarbono em um sítio aurignaciano a céu aberto] (2018); Eric A. Levinsohn e David A. Ross, em *Out of the Cave, Into the Light?: Modeling Mental Illness With Organoids* [Fora da caverna, para a luz?: Modelando doenças mentais com organoides] (2018). Se fosse possível fazer um ranking das metáforas mais conhecidas da história da filosofia, a alegoria da caverna provavelmente ocuparia o primeiro lugar.

FALAR "OUTRAMENTE" DA ALEGORIA

Na época de Platão, não era comum usar o termo *alegoria*, que só veio a se popularizar séculos depois. O mito (do grego *mŷthos*, "relato" ou "narrativa") platônico, por ter sido criado artificialmente para ilustrar um argumento, passou a ser também conhecido como a "alegoria da caverna".[3] *Alegoria* significa "dizer o outro", vem do grego *allos*, "outro, diferente", junto com *agoreuein*, "falar em público, falar abertamente" (de *ágora*, "reunião, assembleia"), ou seja, falar o ou-

---

3 Para uma pequena história das funções e usos do mito em Platão, ver o livro do helenista francês Luc Brisson, intitulado *How Philosophers Saved Myths: Allegorical Interpretation and Classical Mythology* [Como os filósofos salvaram os mitos: Interpretação alegórica e mitologia clássica]. Chicago: University of Chicago Press, 2004, pp. 32-8.

tro ao outro, falar "outramente". Apesar desse compromisso originário em dizer a diferença e a alteridade, as alegorias costumam ser produzidas e recebidas como se fossem possuídas por uma mensagem única e inequívoca, ainda que aplicável a diferentes contextos. No caso do mito da caverna, seu significado parece se resumir ao caminho ascensional da ignorância ao conhecimento verdadeiro; da prisão à liberdade; das trevas ao sol. No caso do mito da caverna, essa imagem-clichê vem sendo usada para descrever tanto impasses de conhecimento e política quanto de educação e saúde ou, ainda, de arte e tecnologia.

Tudo se passa como se a estrutura das alegorias fosse similar à própria caverna de Platão: há um significado-sombra que aponta a outro, mais abstrato e mais verdadeiro. Neste ensaio, pretendo "falar outramente" do "falar outramente" típico da alegoria, questionando se ela guarda mesmo apenas *um* significado escondido. Dentro da caverna da alegoria platônica, podem estar também várias outras alegorias e várias outras cavernas. A caverna será tomada aqui como uma máquina de desejos e de pensamentos para as artes, a filosofia e a cultura em geral. Minha hipótese principal é que a maior parte das interpretações usuais seguem geralmente uma lógica binária muito antiga, conhecida por "metafísicas da luz". Nessas "versões", o belo, o bem e a verdade, enquanto produtos da razão, estão associados ao Sol e à claridade, ao passo que os afetos, as artes e a vida cotidiana, em geral, enquanto manifestações diretas ou indiretas do corpo, estão não só associados às trevas da ignorância, mas às vezes são inclusive considerados como expressões do mal. Parece-me que as leituras tradicionais da alegoria platônica, mesmo aquelas que se pretendem críticas e emancipatórias, estão demasiadamente contaminadas por esse esquema reducionista e preconceituoso, enfim, por esse "fosfo-centrismo" [do grego *phosporos*, "portador da luz"].

METODOLOGIA POP-FILOSÓFICA

Para realizar a tarefa de pensar as cavernas nas cavernas, sugiro seguir a metodologia da filosofia pop,[4] que consiste em propor mais e melhores "transversões". *Transverter* é um termo novo baseado na ambiguidade do prefixo *trans*, que indica tanto um movimento de "ir além" quanto de "ser atravessado". Na nossa cultura ocidental, há várias dicotomias de valores que privilegiam um polo em detrimento do outro, como ser × devir, sujeito × objeto, mesmo × outro, indivíduo × sociedade, homem × animal, masculino × feminino etc.

---

4 O conceito de *filosofia pop* foi inventado por Deleuze nos anos 1970. Desde então, diversas iniciativas no Brasil e no mundo, cada uma à sua maneira, vêm sendo colocadas em prática inspiradas nesse projeto. Nos EUA, o professor de filosofia William Irwin organizou a famosa série *Popular Culture and Philosophy*, iniciada em 1999 com a publicação do livro *Seinfeld e a filosofia*. Em 2001, publiquei o artigo "O que é isto: Filosofia Pop?" e, em 2004, escrevi o livro *Explicando a filosofia com arte*, que apresenta uma introdução à filosofia para leigos de todas as idades no modo "pop". No Brasil, destacam-se ainda Marcia Tiburi, que lançou um manifesto de filosofia pop em 2012, disponível em: https://revistacult.uol.com.br/home/filosofia-pop-manifesto-em-16-teses/ (Acesso em: 30 out. 2024), e Marcos Lopes, cujo podcast *Filosofia Pop*, criado em 2015, já realizou mais de cem episódios (disponível em: https://filosofiapop.com.br/podcast/filosofia-pop-001-filosofia/. Acesso em: 18 nov. 2024).

Essas dicotomias podem se apresentar como *versões* ou *inversões*. As versões são as hierarquias binárias mais comuns, que costumam valorizar o idêntico e desvalorizar o diferente, como em "a razão é melhor que as paixões" ou "a cultura é superior à natureza". As inversões representam as tentativas históricas de superar essas hierarquias tradicionais pela reação ou troca dos polos, muitas vezes sem questionar a dicotomia ou a hierarquia em si. Exemplos de inversões são os ditados "siga seu coração" ou "só o amor salva". As inversões têm o potencial de desestabilizar as hierarquias, mas também o risco de as aprofundar ou as prolongar. O objetivo principal deste ensaio, portanto, é perguntar como *transverter* a imagem da caverna para além dos binarismos hierárquicos das "metafísicas da luz". Não se trata de fazer uma exegese detalhada dessa riquíssima passagem, mas apenas chamar à atenção, na parceria com a filosofia pop, para aspectos importantes, alguns deles muito debatidos pela recepção, outros por vezes ignorados. Contra o "fosfo-centrismo" das metafísicas tradicionais, proponho investigar se não existem outras e melhores "sabedorias da caverna" [*espeleosofias*], ou seja, formas alternativas de recombinar luzes e sombras, ciências e artes, ruas e escolas etc.

VERSÕES DA CAVERNA NA CULTURA POP

DO SHOPPING ÀS ACADEMIAS DE GINÁSTICA

Na linguagem cotidiana, usamos com frequência o termo *caverna* em sentido negativo, tal como nas expressões "ficar na caverna" (no sentido de isolar-se do mundo, ficar recluso) ou "sair da caverna" (libertar-se de uma situação difícil). Costuma-se dizer, também, que alguém se comporta como "um homem das cavernas" quando age de modo rude ou preconceituoso; ou, ainda, teme-se uma eventual volta, por conta de um cataclisma nuclear, ao "tempo das cavernas", estágio histórico no qual não haveria cultura ou civilização. Outras expressões idiomáticas, mesmo sem citar o termo, seguem a mesma lógica das já mencionadas "metafísicas da luz": "sair do armário", "sair da *matrix*", "ver a luz no fim do túnel". Em todas essas expressões, a caverna é um lugar de prisão e/ou de ignorância.

Talvez uma das mais emblemáticas reencarnações da caverna platônica na contemporaneidade possa ser localizada na arquitetura dos modernos shopping centers. O shopping é um lugar onde pessoas costumam caminhar de modo infinito, aparentemente livres, enquanto vão sendo expostas e distraídas pelo colorido das centenas de prateleiras e vitrines, imunes às condições climáticas benéficas ou adversas, protegidas da insegurança urbana – enfim, alheias às controvérsias sociais e políticas do mundo externo. Seus frequentadores não são forçados, mas seduzidos a permanecer nessa prisão. A correlação entre os grandes centros comerciais e a caverna platônica foi explorada no romance *A caverna*, do escritor português José Saramago (1922-2010). A inspiração para o livro, lançado em 2000, teria surgido durante uma visita do autor ao Museu do Pontal, na Barra da Tijuca, Rio de Janeiro, mais especificamente ao notar o contraste entre o acervo de objetos de arte popular do museu e o cenário de condomínios e shoppings no mesmo bairro no qual está localizado. A trama do livro acompanha uma família de oleiros que enfrenta dificuldades de manter seu comércio artesanal com a construção de uma enorme instalação comercial na cidade. O "Centro", como Saramago constantemente se refere no romance, é um lugar onde não há caminhos, mas apenas corredores nos quais indivíduos se tornam "mais mortos do que vivos".[1]

Saramago não as menciona, mas, na minha opinião, as onipresentes academias de ginástica constituem outra forma contemporânea de reatualizar a caverna de Platão. Quando ouvimos alguém dizer "vou à academia", geralmente não

---

1 José Saramago, *A caverna*. São Paulo: Companhia das Letras, 2014, p. 124.

pensamos em uma biblioteca universitária, mas naqueles locais sem janelas, com muitas telas de TV e músicas aleatórias altíssimas, ambientes onde pessoas, isoladas do mundo exterior, se empenham em melhorar apenas sua aparência; ou seja, onde a forma é mais importante do que o conteúdo. Ironicamente, a *academia*, no sentido oposto, quando se fala em "atividades acadêmicas" – ou seja, de aprendizagem e de pesquisa – é um lugar onde se estimula o pensamento, mas não os corpos. Estes geralmente são considerados obstáculos na guerra cotidiana dos docentes à conquista do foco e da atenção de seus estudantes. Durante o PIBID-Filosofia da UNIRIO, discutimos as seguintes questões: certas salas de aula mais tradicionais, onde corpos jovens e cheios de energia têm que se manter imóveis e silenciosos em suas carteiras, não se parecem também com algum tipo de clausura, mesmo que em prol do conhecimento científico? Indo mais além, a atual política educacional de contínua redução do tempo dedicado às atividades físicas, às artes e às humanidades nos currículos não constituiria também uma espécie de empobrecimento da existência?

SAINDO DA CAVERNA

O tema platônico da "saída da caverna" costuma ser revisitado, principalmente, pelo cinema. Nesse caso, não se trata de cavernas no *stricto sensu*, isto é, buracos na terra, mas de um estado ilusório, não apenas em relação a um aspecto específico da realidade, mas da realidade enquanto um todo, que então poderá ser superado por meio do esforço individual rumo à verdade sobre si, sobre os outros e sobre o mundo. Esse enredo, o da opressão alienada à libertação individual e coletiva, inspirou dezenas de filmes, a maioria do gênero de fantasia, tais como *O Show de Truman* (1998),[2] *O Clube da Luta* (1999),[3] *13º Andar* (1999).[4] Essas produções têm em comum a temática de alguém que fica em dúvida sobre o que até então entendia como o real e a libertadora descoberta de um mundo verdadeiro por trás das aparências. Não deve ser mera coincidência que esses filmes tenham sido realizados entre 1998 e 1999, ou seja, no fim do milênio passado. O fim de ciclos sempre evoca no inconsciente coletivo a dúvida sobre o sentido do mundo em que vivemos.

A mais famosa adaptação audiovisual também é do ano de 1999 e completou 25 anos em 2024: *Matrix*, das irmãs Lana e Lilly Wachowski.[5] A correlação entre esse filme e o mito da caverna se tornou um lugar-comum nos cursos introdutórios de filosofia, pois seus protagonistas experimentam uma jornada de iluminação e enfrentam o desafio de

---

2 *O SHOW de Truman*. Direção: Peter Weir. Roteiro: Andrew Niccol. Elenco: Jim Carrey, Laura Linney, Natascha McElhone. Estados Unidos: Paramount Pictures, 1998. 1 DVD.

3 *O CLUBE da Luta*. Direção: David Fincher. Elenco: Brad Pitt, Edward Norton, Helena Bonham Carter. Estados Unidos: Fox Film do Brasil, 1999. 1 DVD.

4 *13º Andar*. Direção: Josef Rusnak. Roteiro: Josef Rusnak. Elenco: Craig Bierko, Armin Mueller-Stahl, Gretchen Mol. Estados Unidos: Columbia Pictures, 1999. 1 DVD.

5 *MATRIX*. Direção: Lana Wachowski, Lilly Wachowski. Roteiro: Lilly Wachowski, Lana Wachowski. Elenco: Keanu Reeves, Laurence Fishburne, Carrie-Anne Moss e outros. Estados Unidos, Austrália: Warner Brothers, 1999.

convencer os outros da verdade que descobriram. Ambas as narrativas incentivam os espectadores ou leitores a refletir sobre o que é verdadeiramente real e como o conhecimento é formado. Em um diálogo do filme muitas vezes citado, o líder da resistência Morpheus (personagem interpretado por Laurence Fishburne) tenta explicar ao hacker Neo (Keanu Reeves) o que é a *matrix*: "O que você sabe, você não pode explicar, mas sente. Você sentiu isso a vida toda. Que há algo de errado com o mundo. [...] A *matrix* está a nossa volta. Em todo o lugar... é o mundo que jogam diante de seus olhos, para deixá-lo cego quanto à verdade". Quando Neo pergunta de qual verdade ele estava falando, Morpheus responde categoricamente: "Que você é um escravo, Neo". Curiosamente, foi o livro intitulado *Matrix e a filosofia* (2002),[6] organizado pelo professor norte-americano de filosofia William Irwin e que reúne diversos ensaios acadêmicos sobre o filme, um dos primeiros e talvez o mais famoso volume da anteriormente mencionada série pioneira de publicações sobre a filosofia pop no mundo, "Filosofia e cultura pop", hoje já com mais de cem títulos, muitos deles traduzidos no Brasil.

Não só no cinema, mas também na música reaparece o tema da caverna. Mais recentemente foi o famoso grupo brasileiro de rock pesado Angra, que no seu último disco *Omni* (2018)[7] retomou a concepção platônica da caverna enquanto prisão na música *Caveman* [homem da caverna]. Embora o *heavy metal* possa ser considerado muito mais como uma "in-

---

6 William Irwin, *Matrix e a filosofia: Bem-vindo ao deserto do real*. Trad. de Marcos Malvezzi Leal. São Paulo: Madras, 2002.

7 Angra, *Omni*. [S.l.]: earMUSIC, 2018. 1 CD (60 min).

versão" performativa das "metafísicas da luz" ao privilegiar roupas pretas em vez de brancas, gritos em vez dos cantos, cabelos compridos em vez de curtos e o visual sujo em vez do *clean*, é possível encontrar em algumas canções o tema da busca pela luz como uma forma de redenção individual ou coletiva. Nessa música, ouvimos: "*When I realized that we all will die/ Like prisoners inside this cave/ A thunder of truth have torn down the walls/ That I couldn't stop to gaze*" [Quando percebi que todos vamos morrer/ Como prisioneiros nesta caverna/ Um trovão da verdade derrubou as paredes/ Que não pude parar de olhar]. A canção, uma das melhores do álbum, alterna trechos em português e inglês, *riffs* distorcidos de guitarra com delicados dedilhados de violão, bem ao estilo da sonoridade da banda, e termina de forma apoteótica com a saída da caverna rumo à luz: "*Crossing the border line/ The world outside the cave/ Reaching the light/ The future starts today*" [Cruzando a linha da fronteira/ O mundo fora da caverna/ Alcançando a luz/ O futuro começa hoje].

ALEGORIA DA CAVERNA EM QUADRINHOS

No mundo nacional das HQs, existem diversas adaptações do mito da caverna. Talvez a mais conhecida seja a bem-humorada e ainda atual história de Maurício de Souza intitulada "As sombras da vida", de 2002. A história gira em torno de Piteco, um personagem da era pré-histórica, que durante uma caçada descobre uma caverna onde três pessoas observam e fazem julgamentos sobre as sombras que veem no fundo da parede rochosa. Acreditam que estão vendo a vida, mas Piteco os convence a sair para admirar a verdadeira realidade. Ao contrário da alegoria platônica, os três homens, após breve momento de atordoamento com a luz ofuscante do exterior, ficam felizes com a descoberta e agradecem muito pela libertação. A história faz então um salto de milhares de anos e termina com Piteco, vestindo roupas contemporâneas, encontrando as mesmas três pessoas diante de uma TV, admirando a espetacularização da realidade cotidiana.

Há ainda o belo e instigante trabalho intitulado *Salto* (2017), do quadrinista carioca Rapha Pinheiro. Essa obra de "arte gráfica sequencial" se passa em uma cidade subterrânea chamada Intos, construída por seres feitos de fogo que fugiram da superfície terrestre com medo da chuva que assolava o mundo exterior. Os habitantes de Intos dependem de uma usina de oxigênio para manter suas chamas vivas. É uma história do gênero *steampunk* (que combina elementos antigos com futuristas) e que aborda temas sensíveis como abuso de poder e preconceito. O livro narra as aventuras de Nu, um morador dessa cidade subterrânea que explora suas cavernas e acaba saindo para a superfície após uma longa e perigosa escalada. Ele descobre que a chuva tinha parado, volta para contar isso a seus concidadãos, mas ninguém o leva a sério: "Eles estão confortáveis demais para se mexer, para procurar algo melhor, desde que a mentira esteja 'boa o suficiente'",[8] desabafa o personagem principal antes de fugir para a superfície com sua namorada.

---

8 Rapha Pinheiro, *Salto*. Porto Alegre: AVEC, 2017, p. 93.

Para mim, entretanto, a mais bem sucedida reinvenção do mito da caverna no modo quadrinhos é a história intitulada *A insustentável leveza do ser* (1987),[9] da sempre brilhante cartunista brasileira Laerte (1951-). Nessa HQ, um adolescente chamado Renato descobre em uma única conversa com o pai que tudo em que acreditava sobre si mesmo, sua família e o mundo não passavam de uma ilusão: seu pai é uma mulher, sua mãe é um leiteiro, sua irmã é uma atriz contratada para ajudar na encenação, além disso o próprio protagonista descobre que não é branco, mas sim negro e, finalmente, que o mundo é só uma fachada. A história da Laerte coloca em xeque não apenas a questão específica das nossas relações submissas com o consumo da TV, do celular e das redes sociais, mas o sentido de real como um todo. O que é colocado em dúvida aí são as nossas crenças mais arraigadas de que as noções como identidade, gênero, raça, família, sociedade, trabalho etc. seriam naturais e absolutas. Ao contrário, na medida em que foram construídas histórica e performaticamente, podem ser tanto preservadas como abolidas ou, ainda, reinventadas.[10]

---

9 Laerte Coutinho, *A insustentável leveza do ser e outras histórias*. São Paulo: Conrad, 2024.

10 Essa HQ serviu de base para o roteiro de um esquete da TV Pirata com o título *O mundo é falso* (1988). Ambos podem ser conferidos no seguinte link: https://tinyurl.com/2p8c5hj9. Acesso em: 20 abr. 2024.

A VERSÃO DE PLATÃO

"ELES SÃO COMO NÓS"

Da literatura de autoajuda às HQs e ao cinema, dos shoppings às academias e às salas de aula, a alegoria da caverna é onipresente e parece apontar à tarefa de autolibertação das inúmeras ilusões que nos oprimem. Mas qual é a intepretação que o próprio Platão dá à sua narrativa? A cena é famosa, aparece no livro VII d'*A república*. A meu ver, são três os momentos mais fundamentais: 1. A descrição da caverna, seus prisioneiros, as sombras que tomam por realidade; 2. A árdua saída da caverna e a descoberta progressiva da luz, primeiro na forma de fogueira, depois na majestade do sol; 3. A volta à caverna para compartilhar a descoberta aos antigos colegas de infortúnio. A narrativa começa assim:

> *Sócrates* – Agora leva em conta nossa natureza, segundo tenha ou não recebido educação e compara-a com o seguinte quadro:

imagina uma caverna subterrânea, com uma entrada ampla, aberta a luz em toda a sua extensão. Lá dentro, alguns homens se encontram, desde a infância, amarrados pelas pernas e pelo pescoço de tal modo que permanecem imóveis e podem olhar tão-somente para a frente, pois as amarras não lhes permitem voltar a cabeça.

Num plano superior, atrás deles, arde um fogo a certa distância.

E entre o fogo e os prisioneiros eleva-se um caminho ao longo do qual imagina que tenha sido construído um pequeno muro semelhante aos tabiques que os titeriteiros interpõem entre si e o público a fim de, por cima deles, fazer movimentar as marionetes.

Glauco – Posso imaginar a cena.

Sócrates – Imagina também homens que passam ao longo desse pequeno muro carregando uma enorme variedade de objetos cuja altura ultrapassa a do muro: estátuas e figuras de animais feitas de pedra, madeira e outros materiais diversos. Entre esses carregadores há, naturalmente, os que conversam entre si e os que caminham silenciosamente.

Glauco – Trata-se de um quadro estranho e de estranhos prisioneiros.

Sócrates – *Eles são como nós.*[1] Acreditas que tais homens tenham visto de si mesmos e de seus companheiros outras coisas que não as sombras projetadas pelo fogo sobre a parede da caverna que se encontra diante deles?[2]

---

1 Grifo meu.

2 Os trechos oriundos do livro VII d'*A república* são da tradução de Elza Maria Marcelina (Brasília: Editora UnB, 1996, 514a-515a). Outras citações vêm da tradução completa d'*A república* feita por Alberto Nunes (Belém: Editora UFPA, 2000).

A primeira observação importante é a de que se trata de uma alegoria dentro de outra alegoria, pois "o mito da caverna" é mencionado por Sócrates no contexto de outra narrativa também alegórica, o próprio diálogo d'*A república*. É bom recordar que *A república*, assim como a maioria dos diálogos de Platão, gira em torno de um tema específico, nesse caso a questão sobre a justiça (em grego, *diké*). Após um prólogo em que Sócrates desmonta as respostas mais precárias dos seus interlocutores (do tipo "Justiça é fazer o bem para os amigos e mal aos inimigos",[3] ele propõe um estratagema incomum em relação a todos os outros diálogos: "Investiguemos de início como é a justiça na cidade, para depois a estudarmos nos indivíduos".[4] Essa representação imaginária de uma cidade modelo (a *Kallipolis*, literalmente, "bela cidade") é uma *utopia* no sentido mais poderoso da expressão, a de uma sociedade que ainda não existe, mas poderá existir, mesmo que o termo só viesse a ser inventado quase dois mil anos depois por Thomas Moore. Tudo dependerá se o árduo caminho dialético para a saída das cavernas for trilhado. O mito da caverna é, portanto, uma das muitas subnarrativas do mito d'*A república*, talvez a mais importante.

Outro aspecto importante é o fato de o próprio Sócrates fornecer a chave da interpretação do mito. Após descrever a maravilhosa cena dos prisioneiros encantados e ludibriados pelas mais diversas sombras, tanto de animais como de pessoas e de objetos fabricados, ele alerta a seu interlocu-

---

3 Ibid., 332d.

4 Ibid., 369a.

tor: "Eles são como nós".[5] Quando Sócrates diz "nós", não está se referindo apenas aos seus ouvintes imediatos. Além de Glauco e Adimanto, irmãos mais novos de Platão, interlocutores principais d'*A república*, encontram-se ainda presentes, embora com participações bem mais esporádicas, o sofista Trasímaco; o dono da casa Polemarco; seus irmãos Líside e Eutidemo; o pai deles, o rico ancião Céfalo; e, finalmente, um político chamado Clitofonte.[6] Quando Sócrates diz que "parecem conosco", parece indicar algo muito mais universal, uma alegoria da própria condição humana. Assim como os prisioneiros da fábula não sabiam que estavam em uma caverna, na maioria das vezes também não sabemos onde estamos quando nos encontramos num estado ilusório. Assim como os prisioneiros não sabiam que o que viam eram sombras de alguma coisa, nós também não sabemos do caráter ilusório dos objetos que nos circundam. Na perspectiva de Sócrates, vivemos todos em uma caverna invisível.

As participações do sofista Trasímaco e do político Clitofonte são mais evidentes no já mencionado prólogo, no qual se discute a questão da justiça. Trasímaco sugere que "o justo não é mais nem menos do que a vantagem do mais forte",[7] e Clitofonte intervém brevemente para trazer algumas nuances ao discurso de Trasímaco, afirmando, não sem receber protestos, que: "o que ele [Trasímaco] quis dizer é

---

5 Ibid., 514a.

6 Para saber mais sobre os interlocutores de Sócrates, ver o livro de Debra Nails, publicado em 2002, *The People of Plato* [As pessoas de Platão] (Indianapolis: Hackett Publishing Company, 2002).

7 Platão, op. cit., 338c.

que o que é vantajoso para o mais forte é o que ele mesmo considera ser sua vantagem para si mesmo. Isso é o que o mais fraco deve fazer – e isso é o que ele declarou ser justo".[8] Não pretendo aqui examinar esse debate sobre o tema da justiça em mais detalhes, mas apenas apontar que talvez a figura dos "titeriteiros", ou seja, do grupo que manipula marionetes e bonecos para aumentar ainda mais a confusão daqueles que estão presos na caverna, seria composta para Sócrates justamente por sofistas e políticos. A eles poderiam ser acrescentados, ainda, os artistas, que serão expulsos da cidade ideal no fim d'*A república* em nome da manutenção da ordem e dos bons costumes.

A imagem das marionetes é retomada pelo próprio Platão no primeiro livro do seu último diálogo, intitulado *Leis*, no contexto de uma discussão sobre os efeitos perigosos da embriaguez por vinho e o papel do estado para a manutenção da ordem social: "Consideremos cada um de nós, seres vivos, como um fantoche que os deuses formaram, seja meramente para brincar ou para um propósito mais sério, pois realmente não sabemos. Mas sabemos que os impulsos[9] que acabamos de mencionar nos guiam como se fossem fios ou cordas internas e, como são opostos uns aos outros, também guiam uns aos outros".[10] Assim como o vinho forte faz dos seres humanos uma espécie de marionetes dos vícios, as leis, corretamente conduzidas pelo estado, podem coordenar através dos fios da racionalidade uma vida de virtudes.

---

8 Ibid., 2000, 340b.

9 Isto é, prazer e dor.

10 Platão, op. cit., 644d.

O tema dos titeriteiros é retomado na modernidade pelo escritor alemão Heinrich von Kleist (1777-1811) no famoso ensaio de 1801 intitulado justamente "Sobre o teatro de marionetes" [*Über das Marionettenthather*]. Ao contrário da alegoria da caverna, as marionetes de Kleist não simbolizam a mera manipulação das sombras para acentuar as ilusões, mas um importante dispositivo para pensar o impacto dos movimentos graciosos da dança em relação à condição humana, sejam eles produzidos pela habilidade mecânica dos titeriteiros ou pela serena mobilidade do corpo dos dançarinos.

A ASCENSÃO PARA A LUZ

A segunda cena importante na narrativa trata justamente da passagem da escuridão para a claridade, do interior da caverna para o mundo exterior, do fechado para o aberto, da ignorância para o conhecimento, da prisão para a liberdade:

> *Sócrates* – Imagina agora o que sentiriam se fossem libertados de seus grilhões e curados de sua ignorância, na hipótese de que lhes acontecesse o seguinte: se um fosse libertado e *subitamente forçado* a levantar, virar o pescoço, caminhar e enxergar a luz, sentiria dores intensas ao fazer todos esses e, com a vista ofuscada, seria incapaz de enxergar os objetos cujas sombras ele via antes.
>
> [...]
>
> *Sócrates* – E se ele *fosse obrigado* a fitar a própria luz, não acreditas que lhe doeriam os olhos e que procuraria desviar o olhar, voltando-se para os objetos que podia observar, conside-

rando-os, então, realmente mais distintos do que aqueles que lhe são mostrados?

Glauco – Sim.

Sócrates – Mas, se o afastassem dali *à força, obrigando-o a galgar a subida áspera e abrupta e não o deixassem antes que tivesse sido arrastado à presença do próprio sol*, não crês que ele sofreria e se indignaria de ter sido arrastado desse modo?

Não crês que, uma vez diante da luz do dia, seus olhos ficariam ofuscados por ela, de modo a não poder discernir nenhum dos seres considerados agora verdadeiros?

Glauco – Não poderia discerni-los, pelo menos no primeiro momento.

Sócrates – Penso que ele precisaria habituar-se a fim de estar em condições de ver as coisas do alto de onde se encontrava. O que veria mais facilmente seriam, em primeiro lugar, as sombras; em seguida, as imagens dos homens e de outros seres refletidas na água e, finalmente, os próprios seres. Após, ele contemplaria, mais facilmente, durante a noite, os objetos celestes e o próprio céu, ao elevar os olhos em direção à luz das estrelas e da lua – vendo-o mais claramente do que ao sol ou à sua luz durante o dia.

Glauco – Sem dúvida.

Sócrates – Por fim, acredito, poderia enxergar o próprio sol – não apenas sua imagem refletida na água ou em outro lugar –, em seu lugar, podendo vê-lo e contemplá-lo tal como é.[11]

---

11 Ibid., 514d-515b. Grifos meus.

A caverna representa o mundo visível, o exterior da caverna representa o mundo inteligível. A saída da caverna, enquanto "formação" (em grego: *paideia*), passa analogamente também por várias etapas do conhecimento, dos objetos da imaginação aos objetos sensíveis; daí aos objetos matemáticos; por fim, às ideias, mesmo, objetos do intelecto. À evolução dos objetos corresponde, também, uma evolução dos estágios do pensamento: da *eikasia* [imaginação], que produz meras opiniões [*doxa*] e crenças [*pistis*], à *noesis* [inteligência plena], que torna acessível o conhecimento efetivo [*episteme*]. Trata-se de um caminho árduo, sem desvios ou bifurcações: *per aspera ad astra* [latim para "através de caminhos ásperos até os astros"]. Aqui, o importante para minha abordagem é que o sol é a imagem escolhida por Platão para explicar a ideia de "Bem", a causa universal de tudo que é ordem e beleza no mundo.

Pode-se dizer que a alegoria da caverna é a versão vertical, talvez fálica, de outra imagem sugerida por Sócrates a Glauco n'*A república*, um pouco antes da alegoria da caverna, no "Livro VI", para explicar sua ontologia dual entre visível e invisível, a famosa "Linha Dividida": "Sendo assim, imagina uma linha cortada em duas partes desiguais, a qual dividirás, por tua vez, na mesma proporção: a do gênero visível e a do inteligível".[12] Sócrates diz ainda que há uma correlação entre a luz e a visão, de um lado, e entre o conhecimento e o bem, de outro: "O Sol não somente empresta às coisas visíveis a faculdade de serem vistas, como também a geração, o cres-

---

12 Ibid., 509a.

cimento e a alimentação".[13] E continua a analogia afirmando que "O mesmo dirás dos objetos conhecidos, que não recebem do bem apenas a faculdade de serem conhecidos, mas também lhe devem o ser e essência".[14] O "Bem" e o Sol têm em comum seu brilho eterno, sua autossuficiência e sua independência em relação ao mundo. Nós é que dependemos da sua luz, promotora seja de calor seja de conhecimento, para sobreviver.[15]

É importante observar aqui que se a transição das sombras para a claridade nunca é tranquila ou imediata, o retorno da luz para as trevas da caverna também é tenso:

> *Sócrates* – Reflete sobre o seguinte: se esse homem retornasse à caverna e *fosse colocado no mesmo lugar de onde saíra*, não crês que seus olhos ficariam obscurecidos pelas trevas como os de quem foge bruscamente da luz do sol?
>
> *Sócrates* – E se lhe fosse necessário reformular seu juízo sobre as sombras e competir com aqueles que lá permaneceram prisioneiros, no momento em que sua visão está obliterada pelas trevas e antes que seus olhos a elas se adaptem – e esta adaptação demandaria um certo tempo –, não acreditas que esse homem se prestaria à jocosidade? Não lhe diriam que, tendo saído da caverna, a ela retornou cego e que não valeria a pena fazer

---

13 Ibid., 509a.

14 Ibid., 509b.

15 Para uma discussão mais detalhada acerca dos paralelos entre a linha dividida e a alegoria da caverna, ver o artigo de John Malcon intitulado "The Cave Revisited" [Revisitando a caverna]. *Classical Quarterly*, Cambridge, v. 31, n. 1, 1981, pp. 60-8. Disponível em: https://philpapers.org/rec/MALTCR. Acesso em: 30 fev. 2024.

semelhante experiência? E não matariam, se pudessem, a quem tentasse libertá-los e conduzi-los para a luz?

Glauco – Certamente.[16]

Tanto para quem sai quanto para quem entra na caverna, há um momento de ofuscamento por excesso ou ausência completa da luz. Isso se daria, em primeiro lugar, por causa dos degraus necessários para percorrer rumo à iluminação – primeiro a fogueira, depois o reflexo do Sol nas águas e, finalmente, a luz do Sol. A contemplação do Bem é a tarefa do todos que querem atingir o conhecimento, mas, assim como o Sol, trata-se de uma luz que paira acima e fora de nós. Essa fonte de inteligibilidade do mundo parece não estar somente fora da caverna, mas fora das pessoas, fora do mundo tal como o conhecemos. A metafísica da luz em Platão se dá no nível da transcendência. A pergunta que poderíamos fazer aqui, inspirados na descrição hegeliana da "consciência infeliz", no capítulo IV da *Fenomenologia do espírito* (1807),[17] é justamente como será possível alcançar uma verdade que de antemão foi colocada fora de nós? Tarefa impossível, pois a saída da caverna parece por vezes indicar uma saída do plano da própria existência. E, ainda assim, se fosse possível, por que voltar?

---

16 Platão, op. cit., 1996, 517a. Grifo meu.

17 Friedrich Hegel, *Fenomenologia do espírito*. Trad. de Paulo Meneses, Petrópolis: Vozes, 2002.

VANTAGENS E DESVANTAGENS DA CAVERNA PLATÔNICA PARA A VIDA

Toda a narrativa do "mito da caverna" não faz sentido algum se não lembrarmos que há uma ontologia que a sustenta: o real não é o que se apresenta sensível aos olhos, e sim o que se apresenta à visão intelectual das ideias, isto é, ao pensamento, à teoria [do grego *theorein*, alcançar com a vista], à racionalidade. Trata-se de uma das passagens mais conhecidas da filosofia, provavelmente o recurso didático mais usado por professores para "dar a lição" mais básica da civilização, a saber, a de que as aparências enganam. De modo surpreendente, Platão questiona a confiabilidade das imagens justamente a partir de uma imagem estranha e maravilhosa. Essa "contradição performativa", diversas vezes apontada pelos comentadores, não é um problema para Platão, que admite recorrer às fabulações quando tem que explicar temas difíceis de maneira mais simples, desde que nunca se perca a diferenciação entre o figurado e a coisa em si.[18] Mas, na filosofia pop, entretanto, o figurado e a coisa em si estão *sempre* "juntos e misturados", para usar uma expressão carioca.

Em certa medida, trata-se de uma importante "espeleosofia", ou seja, uma sabedoria da caverna, a chave oferecida pelo próprio Sócrates para levantar suspeita em relação ao que aparece de forma mais imediata à percepção sensível. Afinal, se acreditássemos em absolutamente tudo o que os

---

18 Platão recorre com frequência a mitos em sua obra. Os mais conhecidos são acerca do nascimento de Eros (*O banquete*, 201d-212c) e da cidade perdida de Atlântida (*Timeu*, 20e-26).

nossos olhos veem, ficaríamos irremediavelmente cegos para o que os olhos não podem ver, mas que ainda assim é real. Trata-se da lição mais básica da civilização, perceber que há sempre um entrelaçamento de visível e invisível no real. Infelizmente, essa lição vem sendo desaprendida. Um exemplo atual é a teoria conspiratória bastante em moda do terraplanismo, que por vezes se baseia pura e simplesmente na percepção sensível para afirmar a *chatice* do planeta. A ciência, ao contrário, demonstra através de observações permeadas pela matemática, pela física e, principalmente, pelo bom senso – como no caso dos eclipses, por exemplo –, de que trata-se de uma ilusão de ótica provocada por uma perspectiva limitada do fenômeno. A famosa controvérsia entre o geocentrismo e o heliocentrismo – ou seja, se o Sol "gira" em torno da Terra ou, ao contrário, se é a Terra que "gira" em torno do Sol – também toca na questão da percepção sensível. Não se trata de um mero conflito entre visível (vejo o sol nascer e morrer todos os dias) e o invisível (por meio de cálculos supostamente insondáveis para a mente humana, descubro que é a Terra que se move), mas sim de duas maneiras diferentes de articulá-los. Não se trata de abandonar a observação empírica em nome da pura matemática, mas de aprimorar a percepção com mais e melhores teorias. Talvez o problema em torno do mito da caverna consista na possibilidade de que essa espeleosofia específica tenha se tornado hegemônica, reduzindo tudo o que é sensorial e imagético à mera sombra. O fato de que às vezes as aparências enganam não constitui argumento suficiente para deslegitimá-las irrestritamente. Como diriam os fenomenólogos, não há ser sem o aparecer.

A dimensão política e a epistemológica se misturam na alegoria da caverna. Em ambas as perspectivas, a passagem das trevas à luz representa a ascensão ao conhecimento e à virtude. Entretanto, ao reler a narrativa atentamente durante o projeto PIBID-Filosofia da UNIRIO, foi uma grande surpresa para o grupo observar que todos os passos descritos, tanto a condição dos prisioneiros, a saída de um deles e sua ascensão quanto sua descida de volta à caverna, são situações de violência. Não se trata aqui, de forma alguma, de alguém que se autoliberta, mas sim de alguém que é libertado, no modo passivo, pois é forçado, até contra sua vontade, a sair, a subir, a olhar para a luz e depois também retornar à caverna. Cito novamente uma compilação das já grifadas passagens do "Livro VII" d'*A república*:

> Imagina agora o que sentiriam se fossem libertados de seus grilhões e curados de sua ignorância, [...] se um fosse libertado e *subitamente forçado* a levantar, virar o pescoço, caminhar e enxergar a luz [...] se ele *fosse obrigado* a fitar a própria luz, não acreditas que lhe doeriam os olhos [...] se o afastassem dali à força, *obrigando-o a galgar a subida áspera e abrupta e não o deixassem antes que tivesse sido arrastado à presença do próprio sol*, não crês que ele sofreria e se indignaria de ter sido arrastado desse modo?[19] [...] se esse homem retornasse à caverna e *fosse colocado* no mesmo lugar de onde saíra [...].[20]

---

19 Platão, op. cit., 1996, 514d-515b.

20 Ibid., 517a. Grifos meus.

Nesses trechos, aparece com frequência o termo grego *Bía*, que indica um tipo de força bruta, de violência física.[21] Em nenhum momento é especificado o que ou quem é responsável por essa força que obriga o pensador tanto a sair como a voltar à caverna, correndo inclusive risco de vida. A maioria dos comentadores também ignora ou comenta *en passant*, como se fosse um detalhe banal. Uma das raras exceções são as lições sobre *A essência da verdade* realizadas por Martin Heidegger (1889-1976) no semestre de inverno entre 1931 e 1932. Em determinado momento do curso, ele comenta a passagem:

> O que o ser humano é, não pode ser determinado a partir da caverna, só vamos ter essa experiência se participarmos [*mitmachen* = fazer com] do que acontece com ele em toda história da libertação. Nós vimos: ela envolve até mesmo *Bía*,[22] violência [*Gewalt*]. O ser humano precisa de alguma maneira da violência para ser colocado [*versetzt werden*] no estado de se perguntar sobre si próprio".[23]

Heidegger parece estar em paz com a conclusão de que a decisão pelo "questionar" só ocorre quando uma pessoa é coagida, ou seja, quando ela se submete aos poderes que a sustentam e a determinam. Essa constatação, entretanto, nos levou a intensos debates acerca das questões: será que a alegoria da ca-

---

21 Na mitologia grega, *Bía* era uma titânide, que simbolizava o poder da força física para superar obstáculos e era responsável pela emoção de violência nos mortais, influenciando seus atos impulsivos e raivosos.

22 No original em grego.

23 Martin Heidegger, *Vom Wesen der Wahrheit*. Frankfurt: Vittorio Klostermann, 1997, p. 76.

verna esconde outra mensagem, a saber, a ideia do fracasso da própria pedagogia enquanto um método de diálogo e de persuasão? Será que somente por meio da força conseguiremos enfim passar das sombras às luzes? Seriam os alunos meras marionetes[24] cujos fios que controlam seus movimentos são continuamente disputados pelos novos ilusionistas (negacionistas climáticos, *coachs*, propagadores de fake news), de um lado, e pelos professores de filosofia, de outro? Como despertar e conquistar a atenção de nossos alunos?

---

24 Aqui vale uma nota sobre a etimologia da palavra *aluno*. Por muito tempo evitei o termo por acreditar erroneamente de que seu significado seria "sem luz". Na verdade, o termo vem do latim *alumnus*, que significa "criança de peito, lactente, menino" e, por extensão, "discípulo". O verbo ao qual se liga é *alere*, que significa "fazer aumentar, nutrir, alimentar". A interpretação usual como "ausência de luz, logo, de conhecimento" é incorreta do ponto de vista etimológico, mas contamina infelizmente ainda algumas teorias e práticas pedagógicas.

INVERSÕES DA METAFÍSICA DA LUZ

REINTERIORIZANDO A CAVERNA

Platão não inventou as metafísicas da luz, que provavelmente devem ter raízes muito mais antigas. Mas sua obra é em grande parte responsável por impregnar a dicotomia luz × sombras na nossa mentalidade ocidental. Algumas das questões e impasses que daí emergem foram até certo ponto contornadas a partir das inversões que o iluminismo moderno fez da alegoria da caverna. Já mencionei na introdução que as inversões representam tentativas históricas de superação das hierarquias tradicionais da metafísica pela mera troca dos polos, muitas vezes sem questionar a dicotomia ou a hierarquia em si. Repito porque é importante: as inversões têm o potencial de desestabilizar as hierarquias binárias, mas também o risco de as aprofundar ou as prolongar. Em certa medida, o primeiro filme da trilogia *Matrix* realiza uma sutil inversão da alegoria da caverna. Diferentemente da noção de "multiverso" que norteia as produções contemporâneas da Marvel, o filme de 1999 segue o mesmo fio condutor da narrativa platônica, pois por trás do mundo aparente não aparecem diversos mundos possíveis, mas sim a única e verdadeira realidade. Esta não é uma espécie de "terra prometida" com a qual o luminoso mundo das ideias de Platão parece estar associado, mas um cenário sombrio e triste, no qual os seres humanos estão imobilizados e são usados como fonte de energia pelas máquinas. O mundo verdadeiro é perfeitamente traduzido pela frase de saudação do líder da resistência, Morpheus: "Bem-vindo ao deserto do real".

Assim como na narrativa d'*A república,* Neo também tem dificuldades em se adaptar ao verdadeiro mundo e pergunta em famoso diálogo com seu mentor: "Por que os meus olhos doem?", ao que Morpheus responde: "Por que você nunca os usou". Mas, ao contrário da saga clássica, aqui não há uma força misteriosa conduzindo o prisioneiro para fora ou para dentro do mundo ilusório. A caverna está na mente das pessoas e é também nela que se abriga a possibilidade da saída. Neo é ajudado por Morpheus no processo, mas parte dele mesmo, Neo, a decisão de escolher entre as famosas pílulas azul ou vermelha. Assim como é uma decisão do próprio personagem Cypher (Joe Pantoliano) preferir a vida no conforto do mundo das ilusões e assim trair seus amigos e parceiros com a seguinte justificativa: "Eu sei que esse bife não existe. Eu sei que quando o coloco na boca é a *matrix* que dita para meu cérebro que é suculento e delicioso [...]. Ignorância é uma benção". Pode-se dizer que o filme *Matrix* é uma versão iluminista da alegoria da caverna.

O movimento do iluminismo manteve a mensagem principal da alegoria da caverna, mas fez importante deslocamento acerca do lugar de onde se origina o conhecimento e de como alcançá-lo. Em vez da metáfora da luz do Sol enquanto uma fonte externa de virtude e de verdade, fora de nós, que precisaremos alcançar em uma via forçada de elevação para além da existência terrena, a luz na modernidade deverá ser procurada dentro de nós mesmos. A reinteriorização dessas batalhas é um importante upgrade das metafísicas da luz. Não é que nós, humanos, estamos dentro de uma caverna, mas trazemos cavernas dentro de nós, na forma de preconceitos oriundos do senso comum. Sair da caverna na modernidade significa simplesmente iluminá-la, quer dizer, encontrar a *luz natural* da racionalidade que há em cada indivíduo, alimentá-la e, se possível, contagiar os outros para que façam isso consigo mesmos.

No contexto dessa guinada para o sujeito, é notória a reapropriação da alegoria da caverna feita por Francis Bacon na sua famosa obra *Novum Organum* (1620).[1] O filósofo inglês apontou quatro tipos de ídolo que ele acreditava serem fontes de erro no pensamento humano: "ídolos da tribo" (percepções confusas comuns à natureza humana como espécie); "ídolos do mercado" ou "do foro" (equívocos oriundos da falta de clareza em relação às palavras ditas e ouvidas); "ídolos do teatro" (preconceitos resultantes da fidelidade cega às antigas tradições filosóficas) e, finalmente, os "ídolos da caverna", que são os modos específicos como cada pessoa sente e interpreta o mundo, levando-a a uma visão distorcida da realidade. Ba-

---

1 Francis Bacon, "Novum Organum". In: *Os pensadores*. Trad. de José Aluysio Reis de Andrade. São Paulo: Abril, 1973.

con parece sugerir que cada pessoa tem sua própria "caverna" ou perspectiva única, que pode interceptar e corromper a luz natural da sua própria razão, atrasando ou impedindo a conquista de uma compreensão mais verdadeira do mundo. A referência à "caverna" é uma alusão direta à alegoria socrática, na qual as percepções sensoriais são consideradas enganosas e não refletem a realidade verdadeira.

A proposta de Bacon é trazer luz para dentro da caverna, mas há na sua teoria dos ídolos uma sutil inversão de papéis. Sabe-se que n'*A república* de Platão ocorre o famoso embate entre filosofia e arte, especialmente no "Livro X", em detrimento da arte, considerada em última instância uma atividade inútil e perigosa, tanto em termos morais quanto epistemológicos. As artes, em geral, e a poesia, em particular, são para Platão atividades que nos mantêm atados à caverna, na medida em que multiplicam as sombras e as ilusões. No final d'*A república*, lê-se: "as artes imitativas, no desempenho de suas atividades, se encontram muito longe da verdade e, por outro lado, são companheiras, amigas e associadas da porção do nosso íntimo mais afastada da razão e em que nada se encontra de são e verdadeiro".[2] Quando Francis Bacon nomeia as escolas filosóficas tradicionais (leia-se Platão e Aristóteles e sua recepção dogmatizante na Idade Média) como "ídolos do teatro", ele não apenas estabelece um novo embate, dessa vez entre ciência moderna e filosofia antiga, como coloca esta última justamente enquanto um tipo de atividade de que ela

---

2 Platão, *A república*. Trad. de Carlos Alberto Nunes. Belém: Editora UFPA, 2000, 603b.

própria sempre quis se distanciar: teatro, literatura, enfim, artes. Trata-se de uma fina ironia contra Platão. A alegoria da caverna moderna declara que a luz do conhecimento tem que ser procurada no exame do modo como o sujeito conhece o mundo, e a motriz desse processo não é mais a filosofia, mas a ciência. Entretanto, tanto em Bacon como em Platão persiste a noção de que as artes em geral representam exclusivamente o domínio das ilusões inúteis. Não é toa que Bacon denomina em sua teoria os preconceitos da razão de "ídolos" (do grego *eidos*, que significa "aspecto" ou "figura").

Cerca de vinte e cinco anos depois de Bacon, no diálogo filosófico inacabado de René Descartes (1596-1650), escrito em 1645, provavelmente sua última obra, intitulado *A busca da verdade através da luz natural* [*La Recherche de la Verité par la Lumière Naturelle*],[3] publicada somente em 1701, a "luz natural da razão" passou a ser descrita como aquela dose de bom senso que todo ser humano tem e que seria suficiente, se bem desenvolvida, para conduzir qualquer um ao mundo verdadeiro para além das dúvidas e incertezas. Conforme o personagem Eudoxe (literalmente, em grego, "aquele que tem boas opiniões") argumenta contra seu interlocutor Epistemon (descrito por Descartes como alguém versado em muitas escolas): "usando apenas as luzes da razão e do bom senso [*lumières de la raison et du bon sens*], que são menos propensos a erros quando age sozinho e por si mesmo do que quando tenta ansiosamente observar mil regras diferentes que a arte

3 René Descartes, *La Recherche de la Vérité par la Lumière Naturelle*. Paris: Éditions des Belles Lettres, 1997.

e a preguiça dos homens inventaram para corrompê-lo em vez de aperfeiçoá-lo”.[4]

Além dos ecos platônicos na decisão estilística de escrever sob a forma de um diálogo, talvez fosse possível até mesmo traçar certo paralelismo entre a alegoria da caverna e o itinerário da dúvida nas *Meditações metafísicas*, texto escrito um pouco antes, em 1641, e considerado uma de suas principais obras. Percebe-se nitidamente uma similitude entre a *paideia* platônica e o método cartesiano, pois há em ambos uma progressão das ilusões dos sentidos e da imaginação ao conhecimento obtido de forma intelectual, passando por diversas etapas. Em ambas propostas, vige uma ontologia dualista e hierárquica; em Platão, do visível em inferioridade ao inteligível; em Descartes, do corpo em subordinação à mente. Tanto em Platão quanto em Descartes não apenas esse ou aquele aspecto da realidade é colocado em dúvida, mas o real como um todo. Muitas diferenças podem ser notadas também. Em Platão, são mencionadas possíveis fontes adicionais de engano, os já mencionados titeriteiros (sofistas, políticos e artistas). Descartes a princípio levanta a hipótese, já na primeira das seis meditações, do *gênio maligno* “que emprestou toda sua indústria em enganar-me”.[5] No itinerário subsequente fica demonstrado para Descartes, entretanto, que o mau uso da razão deve ser responsabilizado como a causa principal dos erros. Por fim, ambos os textos seguem a retórica das metafísicas da luz, mas enquanto

---

4 Id., “Meditações metafísicas”. In: *Os pensadores*. 2ª ed. São Paulo: Nova Cultural, 1991, p. 29.

5 Ibid., p. 95.

em Platão a verdadeira luz está no final da jornada, em Descartes ela já acompanha o prisioneiro das ilusões durante todo o processo de autolibertação.[6]

OUSAI SABER

Talvez todo o projeto de uma "teoria do conhecimento", quer dizer, de um conhecer "antes" do conhecer, tão importante para os pensadores dos séculos XVI e XVII, seja apenas um aprimoramento da alegoria da caverna. Isso vale também para Immanuel Kant e seu projeto *Crítica da razão pura* (1781). Mas, a meu ver, a mais importante recriação moderna da alegoria platônica, em um viés mais político do que epistemológico, é seu famoso ensaio *O que é o esclarecimento?* [*Was ist Aufklärung?*] (1784). "Esclarecimento" [*Aufklärung*] é a palavra alemã para iluminismo, um termo que circulava muito nas conversas da época, mas cujo significado ainda não estava consolidado. Quando Kant escreveu esse artigo, a Revolução Francesa ainda não tinha acontecido, ou seja, os reis ainda representavam o máximo de poder na terra. Ainda era um mundo em que monarcas inclusive recebiam a alcunha de "rei-sol" (leia-se Luís XIV, que governou a França entre 1643 e 1715) para designar seu domínio incontestável.

---

6 Para uma análise mais detalhada dos ecos platônicos da alegoria da caverna nas *Meditações metafísicas* de Descartes, ver o artigo publicado pelo professor australiano de filosofia Stephen Buckle, intitulado *Descartes, Plato and the Cave* [Descartes, Platão e a caverna] (*Philosophy*, Cambridge, v. 82, n. 2, pp. 301-37, jun. 2007).

Kant, correndo até mesmo certo risco de vida, desafia as autoridades instituídas e define o esclarecimento como a saída do homem de sua "menoridade", que é definida filosoficamente não apenas pela idade, mas pela incapacidade de fazer uso de seu entendimento sem a direção de outro indivíduo, algo que pode ocorrer em qualquer momento da vida.

A menoridade é autoimposta quando resulta da falta de resolução e coragem para usar o próprio entendimento sem a orientação de outro. Kant menciona um diretor espiritual, um médico, um militar, um conselheiro de finanças como possíveis tutores da menoridade na sua época, cada um deles à sua maneira incentivando muito mais a obediência do que o pensamento crítico. Na nossa era, provavelmente os *coachs* da autoajuda tenham assumido essa função, que talvez no futuro ainda venha a ser muito mais eficientemente desempenhada por algum dos emergentes modelos de inteligência artificial. Contra os tutores em geral, o filósofo alemão apresenta o lema: "Sapere aude! [Ousa saber!]: Tenha a coragem de te servir do teu próprio entendimento, tal é, portanto, a divisa do Esclarecimento".[7] Trata-se de um incentivo para que as pessoas passem a raciocinar de maneira autônoma. Embora os contextos sejam completamente distintos, a alegoria da caverna, de Platão, e o texto *O que é o esclarecimento?*, de Kant, compartilham temas de emancipação e liberdade intelectual. Ambos abordam a ideia de superar a ignorância e alcançar o conhecimento e a liberdade. A principal diferença é que agora

---

7 Immanuel Kant, "O que é o esclarecimento?" In: *Textos seletos*. Trad. de Raimundo Vier e Floriano de Sousa Fernandes. Petrópolis: Vozes, 1985, p. 100.

a responsabilidade tanto pela ignorância como pela iluminação é das próprias pessoas. Assim como em Bacon e Descartes, a luz para Kant tem que ser encontrada no próprio entendimento e não em uma representação externa, seja do Bem, de Deus ou do rei. Os princípios básicos do Iluminismo, tais como a fé na razão e na ciência, são um prolongamento da alegoria da caverna, mas a aposta na autonomia do indivíduo e na laicidade geral e irrestrita constituem seu aprimoramento.

Parece, portanto, que as associações contemporâneas entre filmes como *Matrix* e a alegoria da caverna só se legitimam a partir das inversões que o Iluminismo provocou, pois nelas o filósofo (ou o professor) é alguém que escapa das ilusões por conta própria e volta para resgatar os outros prisioneiros. Entretanto, embora se mostre como um aperfeiçoamento, o problema principal das metafísicas da luz, tanto na versão humanista do Iluminismo quanto na versão transcendental de Platão, continua sendo o mesmo. Tanto em Bacon, Descartes ou Kant, guardadas as devidas proporções, persiste a desconfiança maniqueísta em relação aos saberes do corpo, do afeto, da arte. Eles continuam privilegiando os conceitos em detrimento das imagens, a cultura em detrimento da natureza, o idêntico em detrimento do diferente e do plural. Além disso, embora o Iluminismo defenda que todos os homens são iguais, isso só será possível desde que se encaixem em um modelo muito específico de *universalidade humana*, que frequentemente exclui outras formas de racionalidade. O *humanismo* embutido no Iluminismo traz consigo uma série de exclusões e violências: em primeiro lugar, contra os não europeus, considerados humanos se – e somente *se* – adequarem-se aos paradigmas da metrópole;

em segundo lugar, contra as mulheres, consideradas sempre de alguma maneira inferiores e reservadas a um papel secundário. Por fim, em relação aos viventes não humanos, especialmente os animais, considerados como meras fontes de alimento, vestimenta ou entretenimento. O Iluminismo de cunho humanista, apesar de representar alguns importantes avanços rumo à laicização da cultura, é estruturalmente contaminado não apenas por um *fosfo-*, mas também por um *logo-falo-centrismo*, sem mencionar algumas tendências xenófobas e "especistas". Essas exclusões, diga-se de passagem, contaminam até hoje nossos currículos escolares, ainda refratários aos saberes feministas, orientais, ancestrais, populares ou simplesmente provenientes da cultura pop, enfim, os saberes "das" e "nas" cavernas.[8]

A aposta exclusiva na luz, quer dizer, na ciência e na tecnologia, como forma única de salvaguardar a humanidade gerou diversos conhecimentos benéficos, mas também uma redução do mundo, da natureza e do próprio ser humano a mero objeto de conhecimento, de exploração e de consumo. O cientificismo é, por assim dizer, uma versão *fundamentalista* do projeto moderno do Iluminismo. Desconfio que um dos fatores que contribuem para o surgimento e o sucesso do negacionismo científico é que talvez este seja uma reação à

---

8 Esse cenário está mudando, felizmente, pois aos poucos observa-se uma ampliação dos autores e obras nos currículos escolares, surgindo então opções de textos escritos por jovens, por mulheres, por pessoas trans e, especialmente, por descendentes da matriz afro-ameríndia. Em relação ao tema de uma política de maior diversidade cultural na educação, recomendo o livro de Renato Noguera *O ensino de filosofia e a lei 13.639* (Rio de Janeiro: Pallas, 2015).

atitude arrogante de certos setores da ciência de se colocar como o único saber legítimo.[9] Trata-se de um momento difícil para o professor de filosofia no ensino médio, pois, de um lado, temos que defender as ciências contra o negacionismo, que pode vir tanto da ingenuidade como de uma vontade política de tomar o poder. Por outro lado, é preciso manter a atitude constante de crítica e suspeita contra os saberes hegemônicos; isso quer dizer, às vezes, até mesmo contra a própria ciência. Embora ela venha se mostrando historicamente como o modo mais eficaz de melhorar a vida humana, comete também erros, sempre em nome da busca pela verdade, alguns de consequências catastróficas. Toda vez que alguém apela apenas às próprias certezas, tal como nas fake news, ou, no extremo oposto, apenas a fatos supostamente aceitos de maneira universal, estamos igualmente mais próximos do abismo. Tanto o positivismo científico quanto seu oposto nocivo, o negacionismo, principalmente o climático, podem ter consequências não intencionais, mas inescapáveis, se continuarmos nesse caminho de valorização exagerada apenas da racionalidade técnica, uma postura que está arruinando o planeta. Precisamos escapar dessas duas alternativas, precisamos de outras espeleosofias que reconheçam as ciências pela rigorosa capacidade de fazer autocríticas, e não pela falsa fama de supostamente estarem sempre certas ou erradas.

---

9 Um exemplo recente é a polêmica em torno do livro da bióloga Natalia Pasternak e do jornalista Carlos Orsi, intitulado *Que bobagem!: Pseudociências e outros absurdos que não merecem ser levados a sério* (São Paulo: Contexto, 2023), no qual a psicanálise, a homeopatia e a acupuntura, entre outras, são descritas como meras falsificações da ciência.

FORMAS DE TRANSVERTER AS CAVERNAS

SONS E VISÕES

A *filosofia pop* propõe *transversões* dessas dualidades hierárquicas que norteiam nossa cultura ocidental. Já foi dito, no início deste ensaio, que *transverter* é um neologismo inspirado na ambiguidade do prefixo *trans*, que indica tanto um movimento de "ir além" como de "ser atravessado por". Então, como transverter a caverna? Aliás, de onde surgiu essa figura? Na verdade, não é possível determinar com certeza de onde Platão tirou essa estranha e maravilhosa imagem. Provavelmente são ecos de sabedorias arcaicas de difícil mapeamento. Especialistas na obra de Platão costumam apontar que o autor já havia tentado anteriormente traduzir em imagem espeleográfica sua convicção ontológica de que o mundo sensível ocupa um lugar inferior na existência. No final do diálogo *Fedão*, escrito aproximadamente sete anos antes d'*A república*, já encontramos a ideia de que a terra é composta por diversas cavidades, nas quais habitamos e as quais tomamos como o único e verdadeiro mundo. Mas haveria uma "verdadeira terra",[1] que estaria localizada muito acima do lugar em que vivemos. Quem pudesse chegar lá descobriria que somos inferiores às pessoas que vivem nesse plano superior em termos de capacidade de percepção e de conhecimento. Sócrates descreve ali, para seu discípulo Símias, uma situação similar à alegoria da caverna:

> Quanto a nós, por não percebemos que moramos nessas concavidades, imaginamos viver em cima da Terra como se daria com quem morasse no meio do mar fundo e pensasse estar na superfície, e vendo através da água o Sol e os outros astros, tomaria o mar pelo céu. *Por indolência e fraqueza muito próprias*, nunca subiu até o espelho da água, nem viu nunca, depois de emergir do mar e de levantar a cabeça fora da água na direção desses lugares, quanto são mais puros e mais lindos do que o outro, o que também não poderia ter ouvido de nenhuma testemunha ocular. É exatamente o que se dá conosco. Habitantes de uma dessa concavidades da Terra, imaginamos morar em cima dela, e damos ao ar o nome de céu, como se o ar fosse o próprio céu em que se movimentam os astros.[2]

---

1 Platão, "Fedão". In: *Diálogos: Protágoras, Georgias, O banquete, Fedão*. Trad. de Carlos Alberto Nunes. Belém: Editora da UFPA, 1980, 109a-111c.

2 Ibid., p. 109. Grifos meus. Desponta no "Fedão" uma importante analogia entre a caverna, o corpo e a própria terra, todos vistos como tumba ou prisão para a alma. A filósofa alemã de matriz judaica Hannah Arendt comenta no prólogo do seu livro *A condição humana* (1958) que a conquista técnica do espaço, iniciada nos anos cinquenta do século XX, foi mobilizada pela mesma concepção, herdada do platonismo, de que a humani-

Já o estudioso norte-americano do helenismo John Henry Wright (1852-1908), em um famoso artigo de 1906 intitulado "*The Origin of Plato's Cave*" [A origem da caverna de Platão], defende uma caverna perto do vilarejo de Vari, cerca de vinte quilômetros ao Sul de Atenas, como o lugar que inspirou a fábula por suas características de largura e de profundidade, além de ter sido um lugar que Platão provavelmente frequentou na sua infância, tendo lá assistido, na companhia de seus pais, Ariston e Perictione, a procissões e cultos a Apolo, Dioniso e suas ninfas.[3]

A despeito das especulações sobre sua origem exata, a questão mais importante para as espeleosofias alternativas é que a alegoria platônica reforçou nossa tendência moderna para a "cavernofobia". Há especulações que associam a caverna de Platão ao Hades. O próprio Hans Blumenberg, no livro anteriormente mencionado, *Saídas da caverna*, afirma que "cavernas e Hades estavam conectados",[4] uma associação apavorante entre as sombras da caverna e as sombras da morte. No cinema, o tema da caverna, no seu sentido mais simples, enquanto uma cavidade natural no solo, um espaço grande o suficiente para ao menos um humano entrar, vem sendo explorado predominantemente pelos filmes de terror. Em diversos filmes, há uma série de grutas terrestres, aquáticas ou glaciais, de onde provêm monstros, tanto os anônimos

---

dade estaria presa à terra. Cf.: Hannah Arendt, *A condição humana*, Rio de Janeiro: Forense Universitária, 2007, p. 9. O desejo de sair da caverna, do corpo, e, em última instância, do planeta está associado às dificuldades de lidar com a condição humana em sua finitude estrutural.

3 Ver John Henry Wright, "The Origin of Platos' Cave". In: *Harvard Studies in Classical Philology*, Cambridge, v. 17, p. 140, 1906.

4 Hans Blumenberg, *Höhlenausgänge*. Frankfurt: Surkamp, 2019, p. 49.

kaiju do filme *Círculo de Fogo* (2013),[5] como os mais famosos monstros gigantes, King Kong e Godzilla, no recente *Godzilla e Kong: O novo império* (2024).[6] Existe até mesmo uma teoria no chamado "monstroverso" [*monsterverse*] de que a Terra seria oca (*hollow earth*) e de que esse espaço subterrâneo, formado por um labirinto de túneis e grutas, constituiria um reino paralelo ao dos humanos na superfície. Fora do gênero da fantasia, há dezenas de filmes, por assim dizer mais realistas, cuja principal fonte de suspense gira em torno da ameaça de ficar preso em alguma dessas grutas ou minas abandonadas. Um dos mais recentes, o filme *Milagre na Caverna* (2019)[7] reencena o episódio de junho de 2018 em que um time de futebol formado por meninos tailandeses e seu técnico ficaram presos em uma gigantesca caverna por muitos dias. Em todas essas produções, é reforçada a imagem da caverna enquanto um lugar claustrofóbico, ameaçador, incompreensível e incontrolável.

Blumenberg contra-argumenta que "a caverna primitiva é um local de concentração da atenção".[8] Fora da caverna era perigoso demais para os humanos pré-históricos, na cons-

---

5 *Círculo de Fogo*. Direção: Guillermo del Toro. Roteiro: Travis Beacham e Guillermo del Toro. Elenco: Charlie Hunnam, Idris Elba, Rinko Kikuchi e outros. Estados Unidos: Warner Bros., 2013. 1 DVD.

6 *Godzilla e Kong: O novo império*. Direção: Adam Wingard. Roteiro: Terry Rossio, Simon Barrett. Elenco: Rebecca Hall, Brian Tyree Henry, Dan Stevens e outros. Estados Unidos: Warner Bros., 2024. 1 DVD.

7 *Milagre na Caverna*. Direção: Tom Waller. Roteiristas: Katrina Grose, Don Linder, Tom Waller. Elenco: Jim Warny, Ekawat Niratvorapanya, James Edward Holley e outros. Tailândia e Irlanda: A2 Filmes, 2019. 1 DVD.

8 Hans Blumenberg, op. cit., 2019, p. 27.

tante tensão entre caçar e ser caçado. Nas cavernas, ao contrário, havia um lugar seguro para dormir profundamente e talvez até sonhar. Nelas os primeiros humanos não apenas puderam desenvolver os primórdios da arte figurativa, como também a "cultura do cuidado" uns com os outros, fosse por ocasião dos nascimentos, dos ferimentos ou dos falecimentos.

As cavernas em sua versão mais arcaica não ofereciam apenas privilegiadas telas para todo tipo de experimentação pictórica, como também câmaras e recintos naturais de amplificação sonora. Platão menciona em sua alegoria as ilusões auditivas provocadas pelos ecos do falatório que chegavam do exterior ao ouvido dos prisioneiros:

> *Sócrates – Supões também que houvesse na prisão um eco vindo da frente*. Na tua opinião, cada vez que falasse um dos que passavam atrás deles, não acreditariam os prisioneiros que quem falava eram as sombras projetadas diante deles?.[9]

Os ecos das vozes na caverna reforçavam para Platão a atmosfera não apenas fantasmática, mas também "acusmática", entendido aqui no seu sentido musical como "os sons cuja fonte não está visível para o ouvinte". Entretanto, esse efeito de ressonância, que era um fator negativo para Platão, provavelmente era um fator positivo para os primeiros humanos da terra. Estudos mais recentes indicam que as cavernas, por conta de sua acústica, foram considera-

9 Platão, "Livro VII." In: *A república*. Trad. de Elza Moreira Marcelina. Brasília: Editora UnB, 1996, 515b/c.

das como lugares privilegiados para festas e cultos, pois a grandiosidade de seus cânticos podia ser intensificada. Há pesquisadores que defendem até mesmo que a densidade das imagens em pontos específicos dentro de grandes grutas é proporcional à qualidade, duração e número dos ecos ali produzidos.[10]

As cavernas podem não ter sido os únicos locais onde a civilização pôde se desenvolver, mas certamente não eram lugares "sem cultura", elas eram *trans-cavernas*, lugares de atravessamentos de conceitos, imagens e ações.[11] Seus sons e visões constituem uma das mais importantes matrizes e motrizes da história humana na Terra. O escritor francês Paul Valéry (1871-1945), no seu famoso *Discurso do centenário da fotografia* (1939), ao comentar o interesse da filosofia pelos fenômenos óticos, compara a caverna de Platão justamente a uma gigantesca sala de cinema:

> O que é a famosa caverna de Platão, se já não é um cômodo escuro, o maior, creio eu, que já foi criado? Se ele tivesse reduzido a abertura de sua caverna a um buraco muito pequeno e coberto a parede que servia de tela com uma camada sensível,

---

10 Ver Reznikoff/Dauvois, "La dimension sonore des grottes ornées". *Bulletin de la Société préhistorique française*, Nanterre, v. 85, n. 8, 1988, p. 241.

11 No Brasil há diversos sítios arqueológicos importantíssimos situados em cavernas. Vale mencionar o projeto *Kamukuwaká – Recriando a gruta sagrada indígena*, financiado pelo *People's Palace Project*, de recuperação dos desenhos milenares vandalizados na caverna sagrada para os povos do Xingu. Disponível em: https://peoplespalaceprojects.org.uk/pt/projects/kamukuwaka-recriando-a-gruta-sagrada-indigena/. Acesso em: 30 nov. 2024.

> Platão, ao desenvolver o fundo de sua caverna, teria obtido um filme gigantesco.[12]

O cinema seria ele mesmo uma espeleosofia excepcional, na medida em que é uma forma de conhecer o mundo, os outros e nós mesmos, no exercício lúdico de luz e sombra, eco e ressonância, enfim, fantasmática e acusmática.

FILÓSOFOS NAS CAVERNAS

As cavernas foram, portanto, lugares propícios à pintura, à música, à ética e, por que não, à filosofia também. A história da filosofia ocidental apresenta alguns contraexemplos de filósofos que vivenciaram a caverna, literal ou metaforicamente, como um lugar de recolhimento, concentração e sabedoria, enfim, como verdadeiros espeleósofos. Poderíamos imaginar, por exemplo, o barril ou tonel onde, supostamente, Diógenes de Sinope (412 a.C.-323 a.C.) morava – conforme relato de Diógenes Laércio no famoso livro *Vida e obras dos filósofos ilustres* –, como uma espécie de mini caverna na qual se abrigava da hipocrisia dos seus concidadãos. Esse precursor da filosofia performática não apenas desdenhava das convenções sociais, mas também da abordagem exces-

---

12 Paul Valéry, "Discours du centenaire de la photographie". *Études photographiques*, Paris, v. 10, primavera de 2001, p. 23. Disponível em: http://journals.openedition.org/etudesphotographiques/265. Acesso em: 19 nov. 2024.

sivamente abstrata de Platão, a quem censurava por ser "excessivamente falante".[13]

Bem antes, ainda teria vivido, por volta do século VI a.C., um poeta, filósofo e místico grego denominado Epimênides (circa 600-540 a.C.). Sua vida é marcada por episódios intrigantes, um deles envolvendo um longo período de hibernação em uma gruta:

> Epimênides nasceu em Cnossos, embora usasse os cabelos longos contrariando os costumes locais. Em certa época o pai mandou-o ao campo em busca de uma ovelha desgarrada, porém, aproximadamente ao meio-dia, Epimênides desviou-se do caminho e foi dormir numa caverna, onde teria ficado adormecido durante cinquenta e sete anos.[14]

Quando saiu da caverna, não apenas o mundo, mas ele mesmo tinha se modificado de modo que Epimênides passou a demonstrar enorme sabedoria e habilidades premonitórias, tornando-se muito requisitado em toda Grécia antiga. As pessoas começaram a considerá-lo como um favorito e o confidente dos deuses. A ideia de alguém que desperta depois de muito tempo e percebe as diversas transformações do seu tempo inspirou diretamente uma obra do escritor alemão Johann Wolfgang von Goethe, denominada *O despertar de Epimênides* [*Des Epimenides Erwachen*] (1814). A peça, que misturava teatro, ópera e balé, foi encomendada para co-

---

13 Diógenes Laércio, *Vida e obra de filósofos ilustres*. Trad. de Mario da Gama Kury. Brasília: Editora UnB, 2008, p. 159.

14 Ibid., p. 43.

memorar uma vitória alemã sobre as tropas de Napoleão Bonaparte em 1813, mas Goethe reencena a história de Epimênides para fazer um poderoso discurso contra a guerra, em geral, e em defesa da construção de uma sociedade pacífica e igualitária no futuro.[15]

Já na história da filosofia africana é notório o relato do pensador de origem etíope Zera Yacob (1599-1692), cuja principal obra, intitulada *Hatäta* (1667) ["investigação" ou "inquérito"], defende alguns princípios iluministas muito antes de Kant, tais como o uso autônomo da razão, a tolerância religiosa (inclusive frente aos ateus) e o respeito à igualdade entre os homens. Suas reflexões teriam sido amadurecidas durante um período de dois anos (1630-1632) em que o autor viveu como um eremita em uma caverna no Sul do país ao fugir da perseguição política e religiosa da época. Ao contrário de Sócrates, Yacob considerou em uma nota autobiográfica o período de exílio na caverna uma das épocas mais felizes da sua vida: "Sozinho na caverna eu me sentia como se estivesse vivendo no paraíso".[16] Infelizmente, ainda

---

15 Embora a obra de Goethe tenha sido apropriada com viés nacionalista durante a Segunda Guerra Mundial, a peça *O despertar de Epimênides* foi usada no primeiro folheto produzido pelo grupo clandestino que se opunha ao regime nazista Weisse Rose [Rosa Branca] em 1942, para enviar uma mensagem antibélica e incitar a resistência, recuperando assim Goethe em uma agenda antifascista (ver Ellen Pilsworth, "Goethe's Politics and Political Uses: Nazi and Anti-Nazi Readings of *Des Epimenides Erwachen*". *Oxford German Studies*, Londres, v. 52, n. 1, 5 mai. 2023, pp. 15-27).

16 Citado pelo pesquisador canadense Claude Sumner em *Ethiopan Philosophy*, Addis Ababa: Addis Adaba University, 1982, p. 232.

não está disponível nenhum texto de Zera Yacob em português, mas um pequeno panorama do "iluminismo africano" pode ser encontrado no artigo do historiador norueguês Dag Herbjornsrud intitulado *Os africanos que propuseram ideias iluministas antes de Locke e Kant* (2017), disponível no portal da Geledés Instituto da Mulher Negra.[17]

Talvez a mais importante *transversão* da alegoria da caverna na contemporaneidade seja a obra *Assim falou Zaratustra* (1883). Não que Nietzsche por vezes não tenha utilizado o termo *caverna* também em sentido pejorativo, como por exemplo, ao descrever os templos no capítulo "Dos sacerdotes":

> Ó, olhai as cabanas que esses sacerdotes construíram, essas cavernas embalsamadas que chamam igrejas. Essa falsa luz, esse ar abafado! A alma está aí entravada no seu ímpeto para as alturas. [...] Quem construiu essas cavernas e essas escadas de penitência?[18]

Há sempre outras nuances a serem avaliadas. Diferentemente da narrativa platônica, Nietzsche celebra também a caverna como uma casa nas montanhas, de onde Zaratustra sai, mas frequentemente volta para se refugiar em sua soli-

---

17 Disponível em: https://www.geledes.org.br/os-africanos-que-propuseram-ideias-iluministas-antes-de-locke-e-kant/. Acesso em: 19 nov. 2024.

18 Friedrich Nietzsche, *Assim falou Zaratustra: Um livro para todos e para ninguém*. Trad. de Paulo César de Souza. São Paulo: Companhia das Letras, 2011, p. 99.

dão, "esperando como o semeador que atirou a semente";[19] "um lugar para curar as feridas";[20] onde ele recebe seus "hóspedes que precisam de abrigo",[21] pois "minha caverna é grande",[22] enfim "a minha caverna é um bom porto",[23] escreve ele no capítulo dedicado ao velho "Aposentado". A caverna de Zaratustra fica no alto de uma montanha, então é um dispositivo que embaralha o processo de sair e de entrar, não mais como um simples ascender ou decair. Sair da caverna, em *Zaratustra*, é também um movimento de descer [*untergehen*], e a volta à caverna envolve também um subir [*hinaufgehen*]. Há nela uma mistura paradoxal entre profundidade e altura, dentro e fora, fechamento e abertura.

No prólogo de 1886 do seu livro *Aurora* (1881), Nietzsche se descreve como um ser subterrâneo: "um ser que perfura, que escava, que solapa"[24] e compara seu trabalho com o de uma toupeira [*Maulwurf*].[25] A caverna pode ser um labirinto

---

19 Ibid., p. 13.

20 Ibid., p. 230.

21 Ibid., p. 310.

22 Ibid., p. 237.

23 Ibid., p. 329.

24 Id., *Aurora*. Trad. de Paulo César de Souza. São Paulo: Companhia das Letras, 2004, p. 2.

25 A alusão ao trabalho da toupeira enquanto uma maneira de "transvalorar" buracos e grutas é retomada de forma intrigante por Kafka em um conto intitulado "Der Bau" (em português, "A construção"). Esse texto, escrito em 1924 – ou seja, há exatos cem anos –, é narrado por um animal não identificado, talvez uma espécie de toupeira ou algo similar, que habita um complexo sistema de túneis que ele mesmo cavou no subsolo. A narrativa mostra o esforço incessante desse ser para melhorar sua construção subterrânea a fim de defendê-la de possíveis

ou uma mina de metais preciosos. O filósofo que nela habita pode ser tanto o "caçador de tesouros" como "o monstro que veta o acesso a esses tesouros", conforme formulação do §289 de *Para além do bem e do mal* (1886).[26] Em uma carta de 30 de março de 1884, na qual Nietzsche convida o amigo e estudante de filosofia austríaco Resa von Schirnhofer (1855-1948) para visitá-lo em Nice, o próprio Nietzsche se compara a alguém que carrega cavernas sem fim dentro de si:

> Então, eu lhe mostrarei Nice e também, da melhor forma possível, a mim mesmo, já que você definitivamente quer 'conhecer' o velho eremita. No entanto! Todo eremita tem sua caverna, ou seja, dentro de si mesmo, e às vezes atrás da caverna há outra caverna e outra – enfim, o que eu queria dizer é que é difícil conhecer um eremita.[27]

A despeito do modo como Nietzsche via as cavernas, lugares que abrigam tanto monstros como tesouros, o importante é que seu projeto geral sempre se caracterizou por uma tentativa de transversão do platonismo. Isso inclui o desmoronamento da ontologia que opõe essências e aparências, que sustenta a alegoria da caverna e que alimenta a predileção exclusiva da filosofia pela racionalidade em detrimento da

---

invasores, reais ou imaginários. A toca, em formato de uma complexa caverna, não é apenas sua casa, mas é uma extensão do seu corpo e de sua existência no mundo.

26 Friedrich Nietzsche, *Para além do bem e do mal*. Trad. de Marcio Pugliesi. Curitiba: Hemus, 2001, p. 220.

27 Id., *Kritische Studienausgabe Briefe*. Berlim: Gruyter, 1986, p. 492. 6 v.

arte, do corpo, do afeto. Em um fragmento (7[156]) do inverno de 1871, época em que preparava seu primeiro livro, *O nascimento da tragédia no espírito da música*, ele resume seu projeto: "Minha filosofia é um platonismo revertido [*umgedrehter Platonismus*], quanto mais longe do ser verdadeiro, tanto mais puro e mais belo, tanto melhor. A vida na aparência é a meta".[28] Importante observar que não se trata aqui apenas de *inverter* as metafísicas da luz, mas sim de embaralhar as oposições hierárquicas entre luz e sombra, entre literal e metafórico. Em uma palavra, de *transverter*.

---

28 Id., *Nachgelassene Fragmente 1869-1874*. Berlim: Gruyter, 1988, p. 199.

POR MAIS E MELHORES ESPELEOSOFIAS

PENSAR É UMA ATIVIDADE PERIGOSA

Na narrativa platônica, em alusão ao seu mestre Sócrates, há denúncia de uma trama daqueles que continuam escravizados contra aquele que alcançou a luz. Sócrates foi obrigado a escolher entre o veneno ou o exílio. No mundo contemporâneo neoliberal, foram desenvolvidas novas e mais sutis formas de exilar o pensamento, seja pela crescente onda de proibição de livros considerados perigosos seja através da desvalorização da atividade docente ou, ainda, pela precarização da área das humanidades em detrimento das ciências exatas. Mais recentemente, a redução da carga horária do ensino de filosofia e de sociologia no projeto do novo ensino médio foi mais um capítulo da trama das trevas contra as luzes. Com o suposto objetivo de "reestabelecer uma relação entre a escola e a realidade", foi realizada entre 2017 e 2018 uma reforma curricular que tirou o estatuto de "disciplina" obrigatória da filosofia, passando ela a ser tratada como um conjunto de estudos e práticas dentro de uma grande área comum chamada CHSA (Ciências Humanas e Sociais Aplicadas), além de reduzir seus temas às subáreas específicas da epistemologia, ética/política e metafísica, deixando em segundo plano temas da estética e da cultura, especialmente o cenário brasileiro contemporâneo. Durante nossas conversas no projeto PIBID-Filosofia, da UNIRIO, foi discutido que em vez de se criar disciplinas supostamente mais ligadas à realidade, tais como "educação financeira" ou "projeto de vida", talvez fosse muito mais fértil investir no regaste das fortes conexões que sempre existiram entre a filosofia e a vida, ainda que esquecidas ou ignoradas.

Ao final do nosso processo de pesquisa, constatei que, anteriormente, toda vez que eu narrava a alegoria da caverna em sala de aula, acabava por relacioná-la a filmes como *Matrix* ou *O Show de Truman*, sempre enfatizando não apenas a coragem daquele que ousou sair, mas também seu espírito ético e político de descer novamente à caverna. Após uma releitura d'*A república*, entretanto, parece-me agora que a famosa cena do filme de ficção científica *Eles Vivem* (1988), dirigido por John Carpenter,[1] parece estar muito mais em sintonia com a versão original do mito da caverna de Platão. Na cena em questão, o personagem principal, John Nada, descobre um par de óculos escuros através do qual lhe são reveladas mensagens subliminares da mídia para estimu-

---

1 Direção e roteiro: John Carpenter. Elenco: Roddy Piper, Keith David, Meg Foster. Estados Unidos: Universal Pictures, 1988. 1 DVD.

lar o consumo, a reprodução e a conformação. Portando os óculos, o protagonista consegue ver a verdade por trás das ilusões da vida cotidiana, inclusive detectar alienígenas que ocuparam o corpo dos humanos supostamente normais. John tenta sem sucesso persuadir seu amigo Frank a experimentar os óculos. Será preciso entrar em luta corporal, um confronto violento que dura quase dez minutos, para que ele veja também o mundo verdadeiro por trás das aparências. Parece que as pessoas se acostumam com suas correntes, e o custo da liberdade do pensamento envolve sempre algum tipo de dor.

PEDAGOGIAS DA FORÇA × PEDAGOGIA POP

Vivemos em uma época de distrações constantes. As novas tecnologias digitais nos bombardeiam com informações, notificações, mensagens, vídeos, áudios, imagens que disputam nossa atenção a cada instante. Muitos se sentem incapazes de se concentrar em uma única tarefa, de ler um livro sem interrupções, de estudar sem consultar o celular, de trabalhar sem cair na tentação das redes sociais. Os professores reclamam constantemente da crescente dificuldade de *capturar* olhos e ouvidos de seus estudantes e precisam disputar a atenção dos discentes cada vez mais entretidos com os mais diversos algoritmos da internet e de suas redes sociais. Nem sempre os docentes vencem essas batalhas. Em uma época de crise generalizada da atenção, é tentador recorrer a medidas violentas para reaver os olhos e ouvidos dos estudantes, tais como usar as notas como punição ou recompensa; segregar alunos do resto da turma por suposto mau comportamento; realizar um controle rigoroso do tempo; elevar a voz durante a aula e, simultaneamente, silenciar a voz dos discentes; ou, ainda, a medida extrema de proibir celulares nas salas das escolas, na tentativa de se criar coercitivamente uma *caverna analógica*. Nossas discussões no grupo de estudos da alegoria da caverna giraram também em torno da seguinte questão: será que a culpa é exclusiva das novas tecnologias, ou a batalha pela atenção faz parte da história desde os primórdios?

De qualquer maneira, é importante ressaltar que a partir da perspectiva pop interessa menos fazer uso das *pedagogias da força* do que recorrer ao humor e à leveza, sem perder a densidade dos conceitos. Além disso, a proposta é continuar experimentando com a mistura de materiais oriundos tanto da tradição dos grandes centros da civilização como das periferias, que em geral são ignoradas ou depreciadas. Uma pedagogia pop faz conexões entre a escola e a vida através de jogos e brincadeiras, inclusive fazendo parcerias com as novas tecnologias digitais.[2] Em vez de proibir, aposta-se muito mais em reaprender a lidar com o mundo na sua versão atual, que embaralha cada vez mais as categorias de *natural* e *artificial*, sem, contudo, deixar de defender uma *ecologia* dos

---

2 Um admirável exemplo de parceria com as tecnologias em sala de aula, bem ao estilo da pedagogia pop, é a orquestra de celulares idealizada por um professor de música de uma escola de ensino médio em Córdoba/Argentina. Disponível em: https://viapais.com.ar/cordoba/alumnos-de-cordoba-armaron-una-orquesta-con-aplicaciones-de-celular-y-el-resultado-fue-furor-en-redes/. Acesso em: 30 nov. 2024.

modos tradicionais de ler e ver. Por fim, a filosofia pop também não deseja defender que haja um mundo verdadeiro escondido por trás das aparências, mas sim explorar a potência da multiplicidade das imagens, sem se submeter às distinções hierárquicas entre o figurado e o literal.[3]

---

3 Ver Charles Feitosa, *Transversões: Ensaios de filosofia e pedagogia pop*. Rio de Janeiro: Circuito, 2022, pp. 255-76.

DAS CAVERNAS ÀS ENCRUZILHADAS

A alegoria da caverna continua sendo um potente dispositivo para pensar a condição humana na atualidade, mas talvez seja uma tarefa contínua dos professores de filosofia reler segundo outros e variados prismas. Uma pergunta importante para as espeleosofias que ainda estão por vir seria: onde estão as mulheres na alegoria da caverna? Apesar de Platão mencioná-las diversas vezes n'*A república*, ora de forma depreciativa ora com direitos e perspectivas de trabalho iguais aos homens, tanto na educação quanto na administração da cidade ideal, tudo indica que se trata de uma cena eminentemente masculina. Não é mera coincidência que o termo usado em inglês para designar o espaço em uma casa projetado para que homens possam relaxar e desfrutar de seus hobbies sem interrupções seja *man cave* [a caverna do homem]. Platão pode ter tirado as mulheres da cena alegórica, mas a dimensão feminina não pode ser banida. Hans Blumenberg faz a esse respeito uma interessante sugestão, a de que talvez pudéssemos imaginar a caverna como um grande útero e a violência da saída dela como a necessidade de ruptura tal como em um parto.[1] Talvez essa leitura se afinasse até mesmo com a própria concepção de *maiêutica* socrática, a famosa arte de ajudar a parir conceitos. As mulheres nos "dão à luz" do mundo e a filosofia nos "dá à luz" do mundo das ideias. A força que obriga a sair da caverna seria a mesma que nos força a nascer. Nesse contexto, chegaríamos a uma espeleosofia alternativa, na qual a caverna não seria uma tumba ou prisão, mas um símbolo para a terra-mãe, que gera vida de forma afirmativa, ainda que coercitiva. Isso só faria sentido, obviamente, se – e somente *se* – tomássemos muito cuidado para não repetir a antiga associação do feminino apenas com o afeto, o corpo e a natureza, permanecendo assim como aquela dimensão *invisibilizada* que possibilita o trabalho com os conceitos, usualmente restrito aos homens.[2]

Na contemporaneidade, há diversas outras tentativas de transverter as metafísicas da luz que não poderão ser abordadas aqui, mas que merecem ser mencionadas, tais como: o alerta de Giorgio Agamben para conseguir ver a escuridão enquanto escuridão, e não apenas como vazio, em meio as luzes

---

1 Hans Blumenberg, *Höhlenausgänge*. Frankfurt: Surkamp, 2019, p. 20.

2 Para uma investigação mais detalhada acerca do papel do feminino na obra de Platão, recomendo a leitura do livro *Feminist Interpretations of Plato* [Interpretações feministas de Platão], organizado por Nancy Tuana em 1994, especialmente seu último artigo, intitulado "The Presence and Absence of the Feminine in Plato's Philosophy" [A presença e a ausência do feminino na filosofia de Platão], de Nancy Tuana e William Cowling, que tematiza justamente a invisibilidade do feminino na alegoria da caverna (Pennsylvania: Penn State University Press, 1994).

ofuscantes de nossa época, em *O que é o contemporâneo?*;[3] ou o projeto de uma estética e política dos vaga-lumes, inspirado em Pier Paolo Pasolini, contra os holofotes do fascismo, em *A sobrevivência dos vagalumes*, de Georges Didi-Huberman.[4] No Brasil, destacam-se, a meu ver, a proposta de criação de "paraquedas coloridos" por Airton Krenak como uma das mais importantes *Ideias para adiar o fim do mundo*;[5] o conjunto de iniciativas recolhidas por Luiz Rufino para uma *Pedagogia das encruzilhadas*;[6] e, ainda, o projeto de descolonização dos saberes promovido pela química e filósofa negra Bárbara Carine, autora de *Como ser um educador antirracista*.[7] Eu acredito que em especial a imagem das "encruzilhadas", em consonância com uma filosofia de matriz afrobrasileira, tem um grande potencial para transformar progressivamente o ensino de filosofia no Brasil através de narrativas mais plurais e inclusivas. O uso corriqueiro do termo *encruzilhada* indica um ponto incômodo de crise no qual uma decisão precisa ser tomada a fim de se superar os impasses. Na perspectiva ocidental, as encruzilhadas são lugares de sofrimento que devem ser evitados a qualquer custo. Já na cultura iorubá, as encruzilhadas representam um ambiente de mobilidade, imprevisibilidade e, principalmente, criatividade. Foi a filósofa e dramaturga brasileira Leda Maria Martins (1955-) quem introduziu, no li-

---

3 Trad. de Vinícius Nicastro Honesko. Chapecó: Argos, 2009.

4 Trad. de Vera Casa Nova e Marcia Arbex. Belo Horizonte: Editora UFMG, 2011.

5 São Paulo: Companhia das Letras, 2019.

6 Rio de Janeiro: Mórula, 2019.

7 São Paulo: Planeta, 2023.

vro *A cena em sombras*,[8] a categoria "encruzilhada" como operador epistemológico para pensar não apenas o teatro negro, mas também as complexidades da cultura brasileira. Nessa perspectiva descentrada e alternativa, as encruzilhadas representam situações para serem habitadas e expandidas. A meu ver, talvez as cavernas possam no futuro também passar a serem vistas, assim como as encruzilhadas, como lugares do *entre*. Ninguém precisa ser salvo delas por meio do discurso civilizatório fosfo-falo-logo-centrado. Precisamos, sim, é que mais acadêmicos as adentrem e nelas se demorem, que se disponham a aprender e não apenas a ensinar. Transformar as salas de aula em *cavernas-encruzilhadas*, onde saberes díspares se atravessem, é um dos propósitos da filosofia pop.

Por fim, quero ressaltar que nos dois polos da já mencionada divisão de sentidos da palavra *academia* no mundo de hoje – seja como um lugar em que se pensa, mas não se move, seja como o local onde se move, mas não se pensa –, há uma perda em relação ao seu projeto original. A *Academia* foi fundada por Platão em cerca de 384/383 a.C. e seu nome advém de um bosque chamado Hekademia (em homenagem ao herói grego antigo Academo), próximo ao qual a escola foi fundada. Tratava-se de um local público, aberto também para mulheres, que reunia tanto espaços de estudo de matemática e astronomia quanto também música, voltados para convivência, refeições, cuidados com a saúde, ginástica e até comemorações e cultos. Era um lugar de corpos moventes e pensantes. Platão, cujo nome significa literalmente "ombros

---

8 São Paulo: Perspectiva, 1995.

largos", era ele mesmo um entusiasmado levantador de pesos, conforme narram as tradições. Quem sabe as salas de aula do futuro, inspiradas em espeleosofias alternativas, não possam voltar a ser também um lugar tanto para atletismos de ideias como para afetos, imagens e músculos, e onde não apenas as ciências e seus conceitos, mas também as humanidades e suas conexões; as artes e suas metáforas; os saberes populares, ancestrais, femininos e os da cultura pop também tenham seu espaço – enfim, um entrelaçamento não hierárquico entre pensar, agir, sentir e imaginar, assim como as cavernas já foram, nos primórdios da civilização.

Rio de Janeiro, outono de 2024

AGRADECIMENTOS

Este ensaio foi gestado durante o Projeto PIBID (Programa Institucional de Bolsas de Iniciação à Docência) em Filosofia da UNIRIO, que coordenei de maio de 2023 a abril de 2024, com apoio da CAPES (Coordenação de Aperfeiçoamento de Pessoal de Nível Superior). É dedicado aos discentes e docentes que durante esses doze meses se dispuseram, na teoria e na prática, à busca de "novas e antigas maneiras de pensar (n)as cavernas" a partir do *chão* das salas de aula. Aos licenciandos em filosofia da UNIRIO: Adriana Rodrigues Martins, Ângelo Ricardo Santos Moreira, Caroline Muniz, Enevaldo Guilherme da Silva Filho, Fabio Duarte, Fernanda Ferrandini Krambeck Krykhtine, Guilherme Knupp, Isabel Amorim Soares, Isidro Ricardo da Rocha, João Pedro Tayão Rocha, Jonas Sátiro Gomes; Júlio César Araújo Jorge de Paiva, Juliana Noronha Aguiar, Lívia Pedreira da Cruz, Luiz André Fernandes Nunes, Matheus dos Santos Cantanheide, Marília Parreira Messias e Silva, Milena dos Santos Silva, Mônica Macedo Pinto Conceição, Murilo Galvão, Rafael Campos, Silvia Gomes D'Almeida, Tatiana Rodrigues da Silva Valença, Wellington Fernandes Silva Júnior; os docentes Profa. Fabiana Melo Sousa, Profa. Fabíola Menezes e Prof. Rodrigo Volz e, principalmente, aos discentes dos Colégios Estaduais Infante Dom Henrique (Copacabana), Andre Maurois (Leblon), Clovis Monteiro (Higienópolis), Dalva de Oliveira (Realengo) .

Agradecimentos especiais a Camilla Croce, Danielle Martins de Farias e Luciana Leandro de Lucena pelo apoio nas pesquisas bibliográficas e a Marcia Tiburi pelo convite para a publicação deste livro.

REFERÊNCIAS BIBLIOGRÁFICAS

13º Andar. Direção: Josef Rusnak. Roteiro: Josef Rusnak. Elenco: Craig Bierko, Armin Mueller-Stahl, Gretchen Mol. Estados Unidos: Columbia Pictures, 1999. 1 DVD.

AGAMBEN, Giorgio. *O que é o contemporâneo?: E outros ensaios*. Trad. de Vinicius Nicastro Honesko. Chapecó: Argos, 2009.

ANGRA. *Omni*. [S.l.]: earMUSIC, 2018. 1 CD (60 min).

ARENDT, Hannah. *A condição humana*. Trad. de Roberto Raposo. 10ª ed. Rio de Janeiro: Forense Universitária, 2007.

BACON, Francis. "Novum Organum". In: *Os pensadores*. Trad. de Jose Aluysio Reis de Andrade. São Paulo: Abril, 1973.

BARSHAY-SZMIDT, Carolyn et al. "Out of the Cave and into the Light: Perspectives and Challenges of Radiocarbon Dating an Open-Air Aurignacian Site (Régismont-le-Haut, Mediterranean France)". *Journal of Paleolithic Archaeology*, Suíça, v. 1, 2018, pp. 247-79.

BLUMENBERG, Hans. *Paradigmas para una metaforología*. Trad. de Agustín González Ruiz. 1ª ed. Madri: Editorial Trotta, 2003.

BLUMENBERG, Hans. *Höhlenausgänge*. Frankfurt: Surkamp, 2019.

BRISSON, Luc. *How Philosophers Saved Myths: Allegorical Interpretation and Classical Mythology*. Trad. de Catherine Tihanyi. Chicago: University of Chicago Press, 2004.

BUCKLE, Stephen. "Descartes, Plato and the Cave". *Philosophy*, Cambridge, v. 82, n. 320, pp. 181-200, abr. 2007.

CÍRCULO de Fogo. Direção: Guillermo del Toro. Roteiro: Travis Beacham e Guillermo del Toro. Elenco: Charlie Hunnam, Idris Elba, Rinko Kikuchi e outros. Estados Unidos: Warner Bros., 2013. 1 DVD.

COUTINHO, Laerte. *A insustentável leveza do ser e outras histórias*. São Paulo: Conrad, 2024.

CLUBE da Luta. Direção: David Fincher. Elenco: Brad Pitt, Edward Norton, Helena Bonham Carter. Estados Unidos: Fox Film do Brasil, 1999. 1 DVD.

DESCARTES, René. "Meditações metafísicas". In: *Os pensadores*. 2ª ed. São Paulo: Nova Cultural, 1991.

DESCARTES, René. *La Recherche de la Vérité par la Lumière Naturelle*. Paris: Éditions des Belles Lettres, 1997.

DIDI-HUBERMAN, Georges. *Sobrevivência dos vagalumes*. Trad. de Vera Casa Nova e Marcia Arbex. Belo Horizonte: UFMG, 2011.

ELES vivem. Direção e roteiro: John Carpenter. Elenco: Roddy Piper, Keith David, Meg Foster. Estados Unidos: Universal Pictures, 1988. 1 DVD.

FEITOSA, Charles. "Ex-verter a metafísica: A questão do sensível em Nietzsche e Heidegger". In: Miguel A. Barrenechea; Olimpio Pimenta (Org.). *Assim falou Nietzsche*. Rio de Janeiro: Sette Letras, 1999, pp. 55-72.

FEITOSA, Charles. "O que é isto: Filosofia Pop?" In: Daniel Lins (Org.). *Nietzsche e Deleuze: Pensamento Nômade*. Rio de Janeiro: Relume Dumará, 2001, pp. 95-105.

FEITOSA, Charles. *Explicando a filosofia com arte*. Rio de Janeiro: Ediouro, 2004.

FEITOSA, Charles. *Transversões: Ensaios de filosofia e pedagogia pop*. Rio de Janeiro: Circuito, 2022.

GODZILLA e Kong: O novo império. Direção: Adam Wingard. Roteiro: Terry Rossio, Simon Barrett. Elenco: Rebecca Hall, Brian Tyree Henry, Dan Stevens. Estados Unidos: Warner Bros., 2024. 1 DVD.

HEGEL, Georg Wilhelm Friedrich. *Fenomenologia do espírito*. Trad. de Paulo Meneses, Petrópolis: Vozes, 2002.

HEIDEGGER, Martin. *Vom Wesen der Wahrheit*. Frankfurt: Vittorio Klostermann, 1997.

HERBJORNSRUD, Dag. "Os africanos que propuseram ideias iluministas antes de Locke e Kant." *Geledés Instituto da Mulher Negra*, São Paulo, 27 dez. 2017. Disponível em: https://www.geledes.org.br/os-africanos-que-propuseram-ideias-iluministas-antes-de-locke-e-kant/. Acesso em: 19 nov. 2024.

IRIGARAY, Luce. *Speculum de l'autre femme*. Paris: Minuit, 1974.

IRWIN, William. *Matrix e a filosofia: Bem-vindo ao deserto do real*. Trad. de Marcos Malvezzi Leal. São Paulo: Madras, 2002.

IRWIN, William. *Seinfeld e a filosofia: Um livro sobre tudo e nada*. São Paulo: Madras, 2020.

KANT, Immanuel. "O que é o esclarecimento?" In: *Textos seletos*. Trad. de Raimundo Vier e Floriano de Sousa Fernandes. Petrópolis: Vozes, 1985.

KRENAK, Ailton. *Ideias para adiar o fim do mundo*. São Paulo: Companhia das Letras, 2019.

LAÉRCIO, Diógenes. *Vida e obra de filósofos ilustres*. Trad. de Mario da Gama Kury. Brasília: Editora UnB, 2008.

LEVINSOHN, Erik A.; ROSS, David A. "Out of the Cave, Into the Light?: Modeling Mental Illness with Organoids". *Biological Psychiatry*, Connecticut, v. 83, n. 7, 1 abr. 2018, pp. 43-4.

MALCON, John. "The Cave Revisited". *Classical Quarterly*, Cambridge, v. 31, n. 1, 1981, pp. 60-8. Disponível em: https://philpapers.org/rec/MALTCR. Acesso em: 30 fev. 2024.

MARTINS, Leda Maria. *A cena em sombras*. São Paulo: Perspectiva, 1995.

MATRIX. Direção: Lana Wachowski, Lilly Wachowski. Roteiro: Lilly Wachowski, Lana Wachowski. Elenco: Keanu Reeves, Laurence Fishburne, Carrie-Anne Moss e outros. Estados Unidos, Austrália: Warner Brothers, 1999.

MILAGRE na Caverna. Direção: Tom Waller. Roteiristas: Katrina Grose, Don Linder, Tom Waller. Elenco: Jim Warny, Ekawat Niratvorapanya, James Edward Holley e outros. Tailândia e Irlanda: A2 Filmes, 2019. 1 DVD.

NAILS, Debra. *The People of Plato: A Prosopography of Plato and Other Socratic*. Indianapolis: Hackett Publishing Company, 2002.

NOGUERA, Renato. *O ensino de filosofia e a lei 13.63*. Rio de Janeiro: Pallas, 2015.

NIETZSCHE, Friedrich. *Kritische Studienausgabe Briefe*. Berlim: Gruyter, 1986. 6 v.

NIETZSCHE, Friedrich. *Nachgelassene Fragmente 1869-1874*. Berlim: Gruyter, 1988.

NIETZSCHE, Friedrich. *Aurora*. Trad. de Paulo César de Souza. São Paulo: Companhia das Letras, 2004.

NIETZSCHE, Friedrich. *Para além do bem e do mal*. Trad. de Marcio Pugliesi. Curitiba: Hemus, 2001.

NIETZSCHE, Friedrich. *Assim falou Zaratustra: Um livro para todos e para ninguém*. Trad. de Paulo César de Souza. São Paulo: Companhia das Letras, 2011.

PASTERNAK, Natalia; ORSI, Carlos. *Que bobagem!: Pseudociências e outros absurdos que não merecem ser levados a sério*. São Paulo: Contexto, 2023.

PILSWORTH, Ellen. "Goethe's Politics and Political Uses: Nazi and Anti-Nazi Readings of *Des Epimenides Erwachen*". *Oxford German Studies*, Londres, v. 52, n. 1, 5 mai. 2023, pp. 15-27.

PINHEIRO, Bárbara C. S. *Como ser um educador antirracista: Para familiares e professores*. São Paulo: Planeta, 2023.

PINHEIRO, Rapha. *Salto*. Porto Alegre: AVEC, 2017.

PLATÃO. *Diálogos: Protágoras, Georgias, O banquete, Fedão*. Trad. de Carlos Alberto Nunes. Belém: Editora UFPA, 1980.

PLATÃO. "Livro VII." In: *A república*. Trad. de Elza Moreira Marcelina. Brasília: Editora UnB, 1996.

PLATÃO. *A república*. Trad. de Carlos Alberto Nunes. Belém: Editora UFPA, 2000.

PLATÃO. *Timeu*. Trad. de Carlos Alberto Nunes. Belém: Editora UFPA, 2019.

QUAIS são as suas cavernas? Direção: Fabiana Melo Sousa. Produção e roteiro: PIBID-Filosofia. Rio de Janeiro: UNIRIO, 2024. 14 min. Disponível em: https://www.youtube.com/watch?v=5WntHrVQEoI. Acesso em: 18 nov. 2024.

REZNIKOFF, Iégor; DAUVOIS, Michel. "La dimension sonore des grottes ornées". *Bulletin de la Société préhistorique française*, Nanterre, v. 85, n. 8, 1988, pp. 238-46. Disponível em: http://www.persee.fr/web/revues/home/prescript/article/bspf_0249-7638_1988_num_85_8_9349. Acesso em: 04 mai. 2024.

RUFINO, Luiz. *Pedagogia das encruzilhadas*. Rio de Janeiro: Mórula Editorial, 2019.

SARAMAGO, José. *A caverna*. São Paulo: Companhia das Letras, 2014.

SHOW de Truman, O. Direção: Peter Weir. Roteiro: Andrew Niccol. Elenco: Jim Carrey, Laura Linney, Natascha McElhone. Estados Unidos: Paramount Pictures, 1998. 1 DVD.

SUMNER, Claude. *Ethiopian Philosophy*. Addis Ababa: Addis Adaba University, 1982.

TIBURI, Marcia. "Filosofia Pop: Manifesto em 16 teses." Disponível em: https://revistacult.uol.com.br/home/filosofia-pop-manifesto-em-16-teses/. Acesso em: 30 out. 2024.

TUANA, Nancy (Org.). *Feminist Interpretations of Plato*. Pennsylvania: Penn State University Press, 1994.

VALÉRY, Paul. "Discours du centenaire de la photographie". *Études photographiques*, Paris, v. 10, primavera de 2001. Disponível em: http://journals.openedition.org/etudesphotographiques/265. Acesso em: 24 abr. 2024.

WRIGHT, John H. "The Origin of Plato's Cave". *Harvard Studies in Classical Philology*, Cambridge, v. 17, 1906, pp. 131-42. Disponível em: https://doi.org/10.2307/310313. Acesso em: 20 abr. 2024.

DIREÇÃO EDITORIAL Simone Paulino
EDITORA-ASSISTENTE Mariana Correia Santos
ASSISTENTE EDITORIAL Gabriel Paulino
PROJETO GRÁFICO Bloco Gráfico
ASSISTENTES DE DESIGN Lívia Takemura, Paula Ragucci
PREPARAÇÃO E REVISÃO Gabriel Paulino, Mariana Correia Santos
PRODUÇÃO GRÁFICA Marina Ambrasas
ASSISTENTE COMERCIAL Ligia Carla de Oliveira
ASSISTENTE ADMINISTRATIVA Camila Miranda Pereira

Texto atualizado segundo o novo
Acordo Ortográfico da Língua Portuguesa

EDITORA NÓS
Rua Purpurina, 198, cj. 21
Vila Madalena, São Paulo, SP
CEP 05435-030
www.editoranos.com.br

SERVIÇO SOCIAL DO COMÉRCIO
Administração Regional no Estado de São Paulo

Presidente do Conselho Regional
Abram Szajman
Diretor Regional
Luiz Deoclecio Massaro Galina

Conselho Editorial
Carla Bertucci Barbieri
Jackson Andrade de Matos
Marta Raquel Colabone
Ricardo Gentil
Rosana Paulo da Cunha

Edições Sesc São Paulo
Gerente Iã Paulo Ribeiro
Gerente Adjunto Francis Manzoni
Editorial Cristianne Lameirinha
Assistente: Antonio Carlos Vilela
Produção Gráfica Fabio Pinotti
Assistente: Thais Franco

Edições Sesc São Paulo
Rua Serra da Bocaina, 570 – 11º andar
03174-000 – São Paulo SP Brasil
Tel.: 55 11 2607-9400
edicoes@sescsp.org.br
sescsp.org.br/edicoes
/edicoessescsp

Dados Internacionais de Catalogação na Publicação (CIP)
de acordo com ISBD

F311e
Feitosa, Charles
Espeleosofias: novas e antigas maneiras de pensar (n)as cavernas / Charles Feitosa
Editora Nós; Edições Sesc São Paulo, 2025.
96 pp.
Coleção Pop Filosofia: organizada por Marcia Tiburi.

ISBN 978-65-85832-62-5 [Editora Nós]
ISBN 978-85-9493-322-5 [Edições Sesc São Paulo]

1. Filosofia. 2. Pop filosofia. 3. Mito da caverna de Platão
I. Tiburi, Marcia II. Título. III. Série.

2024-4324 CDD 100 CDU 1

Elaborado por Odilio Hilario Moreira Junior, CRB-8/9949

Índice para catálogo sistemático:
1. Filosofia 100
2. Filosofia 1

FONTES Tiempos, LargePoint
PAPEL Pólen Bold 90 g/m²
GRÁFICA Margraf